시간관리 7가지 법칙

시간관리 7가지 법칙

1판 1쇄 인쇄 2020년 04월 10일
1판 7쇄 발행 2024년 04월 25일

저   자 l 짐 론
편역자 l 김주영
펴낸이 l 이현순

펴낸곳 l 백만문화사
출판신고 l 2001년 10월 5일 제2013-000126호
주소 l 서울시 마포구 토정로 214 (신수동)
Tel l 02)325-5176   Fax l 02)323-7633
전자우편 l bmbooks@naver.com
홈페이지 l http://www.bm-books.com

Translation Copyright© 2020 by BAEKMAN Publishing Co.
Printed & Manufactured in Seoul, Korea

ISBN 979-11-89272-20-3(03320)
값 14,000원

성공하는 사람은 시계를 보지 않는다

시간관리
7가지법칙

짐 론 | 김주영 **편역**

성공하는 사람은 시계를 보지 않는다

세상에는 네 가지 종류의 사람들이 있다. 시간은 있지만 돈이 없는 사람, 돈은 있지만 시간이 없는 사람, 돈도 없고 시간도 없는 사람, 돈도 있고 시간도 있는 사람이다.

대부분의 사람들은 이 네 가지 중에 '돈도 있고 시간도 있는 사람'을 원한다. 왜냐하면 돈도 있고 시간도 있으면 자기 앞에 기회가 찾아왔을 때 '바쁘다'거나 '돈이 없다'는 핑계로 머뭇거리지 않고 무엇이나 할 수 있기 때문이다. 자신이 원하면 언제든지 그 기회를 잡을 수 있다. 그러면 지금까지 누려보지 못한 새로운 세계를 경험해볼 수 있고 새로운 능력을 발휘할 수 있기 때문이다. 이러한 사람이 인생을 풍요롭게 살 수 있고 원하는 인생을 살 수 있다. 이런 사람이 성공하는 사람들이다.

"시간을 효율적으로 써라."

"틈새시간을 잘 활용하라."

"아침형 인간이 되라."

이러한 시간 관리에 대한 충고나 조언은 좋은 말이며 바람직한 일이다. 그러나 이 모든 시간 관리의 목적은 한마디로 자신의 삶의 목표를 구현하기 위한 수단에 불과하다. 시간 관리는 인생의 궁극적인 목표를 달성하기 위한 도구에 지나지 않는다. 따라서 무엇보다도,

"나는 무엇을 할 것인가?"

"나는 어떻게 살고 싶은가?"

"남은 시간을 무엇을 하면서 보내겠는가?"

이러한 의문에 답할 수 있어야 한다. 시간 관리의 목표는 한마디로 삶의 목표를 달성하기 위한 수단이기 때문이다. 목표를 달성할 때 자신이 원하는 삶을 살 수 있으며, 풍요로운 인생을 보낼 수 있기 때문이다.

삶의 목표는 사람마다 다르다. 사람들의 가치관에 따라서

그가 추구하는 목표가 다를 수 있다. 따라서 그 목표가 다르므로 그 목표를 추구하는 방법도 달라야 하며, 그 수단인 시간 관리의 방법도 달라야 한다. 따라서 시간 관리의 방법은 사람마다 다를 수 있다. 다른 사람들의 조언이나 책에 나오는 시간 관리의 방법을 자신이 그대로 인용할 것이 아니라 자기 가치관이나 일하는 방식에 맞춰서 다양한 방식을 모색해야 한다. 따라서 본서도 독자 여러분들의 취향과 일하는 방식에 따라 시간 관리에 유용한 참고자료가 되기를 바랄 뿐이다.

그런데 많은 사람들은 믿음이나 상식에 얽매여 자신의 시간을 허비하고, 더 나아가서 자신의 인생을 잃어 버리는 경우가 있다. 성공하는 사람은 시계를 보지 않는다. 그들은 목표를 수립하고 그 목표에 따라 치밀한 계획을 세워놓은 다음 그 계획대로 일하기 때문에 시계를 보지 않는다. 그러므로 시간에 쫓기는 일이 없이 여유 있게 일과 휴식 균형을 이룬 다음 삶을 즐기면서 살아간다.

본서는 성공하는 사람들이 어떻게 목표를 설정한 다음 계획을 세우고 시간 관리를 잘하여 여유롭게 인생을 보내고 있는지에 대해서 성공하는 사람들을 구체적으로 예를 들어서 설명하였다. 따라서 독자들이 본서를 통해서 한정된 시간을 풍요롭게 보내고 있는가에 대해서 그 법칙을 깨달아 그런 삶을 살아서 성공적인 인생을 보내기를 바란다.

-저자

PART 2 성공하는 사람들의 시간 관리 기본원칙

PART 3 성공하는 사람들의 아침 시간 활용법

PART 4 성공하는 사람들의 틈새시간 활용법

PART 5 성공하는 사람들의 업무시간 절약의 비결

PART 6 성공하는 사람들의 휴식 시간 관리 비결

PART 7 시간 낭비를 줄이는 비결

편역자의 말
참고 문헌

PART

01

시간의 가치와
시간 관리의 의미

보람 있는 시간을
많이 만든다

　독일의 유명한 저널리스트 슈판 클라인은 나이가 들수록 시간이 빨리 흐른다고 느끼는 것은 집중력과 기억력의 차이라고 말하였다. 그 예로 어린 시절에는 경험하는 모든 것에 집중하고 기억하느라 하루가 길게 느껴질 수밖에 없지만, 나이가 들어서 경험하는 것에 대한 기억력이 약해지면서 시간이 빠르게 지나가는 것처럼 느껴진다는 것이다. 그런 의미에서 순수한 시간은 존재하지 않으며, 어떤 사건이 벌어졌을 때 우리는 시간을 경험하게 된다는 것이다.

　우리는 여행이나 많은 일들을 경험하게 되면 시간이 많이 지나간 것처럼 느끼지만, 하루하루를 무의미하게 보내고 있을 때는 시간이 멈춘 것처럼 느낀다. 따라서 시간을 잘 쓰고 싶다면 보람 있는 시간을 많이 만들어야 한다. 단순히 시간을 아껴 쓰고 쪼개서 쓰는 것이 중요한 것이 아니라 같은 시간이라도 의미 있게 보람 있게 쓰는 것이 중요하다.

아인슈타인의 말대로 시간은 상대성이다. 그는 "미녀에게 구애할 때는 한 시간이 일 초처럼 느껴지고, 뜨거운 철판 위에 앉아 있을 때는 일 초가 한 시간처럼 느껴진다. 그래서 시간은 상대성이다."라고 말하였다. 아인슈타인의 말이 아니더라도 마음에 드는 파트너와 함께 있으면 2시간이 2분처럼 느껴진다. 그러나 급한 일이 있어서 열차를 기다리고 있을 때의 2분은 2시간처럼 느껴진다. 또한 주말이 되면 낮에 특별히 한 일도 없는데 벌써 주말이 되었구나 하는 생각을 하게 되고, 회의 시간은 거북이처럼 더디게 간다고 느껴진다. 따라서 시간은 상대성이면서 마음의 상태에 따라 다르게 느껴지는 것이다. '분주하다' '한가롭다'는 것도 실제 그런 상태가 존재하는 것이 아니라 우리 마음에 따라서 생기는 것이다.

오늘날 많은 사람들이 시간 부족으로 스트레스를 받는다. 업무시간이 닥치면 마치 시간을 도둑당한 것처럼 느낀다. 시간 부족을 느끼는 것에는 빈부의 차이가 없다. 가난한 사람은 가난한 대로 돈과 함께 시간 부족을 느끼고, 부자는 부자대로 돈은 많고 할 일도 많은데 단지 시간이 없어서 하고 싶은 것을 하지 못해 시간 부족을 느끼고 있다.

우리가 시간이 부족하다고 느끼는 것에는 세 가지 요인이 있다. 즉 스트레스·집중력 부족·의욕부진 이 세 가지로 인해서 시간 부족을 느낀다. 스트레스는 집중력을 떨어뜨리고, 분주하게 움직이는 데 생산성은 오르지 않으며 의욕도 떨어진다.

'시간이 없다.'고 생각하는 자체가 시간을 가장 많이 갉아먹는다. 시간 부족을 느낄수록 기초로 돌아가야 한다. 마음이 조급해질수록 '급할수록 돌아가라.'는 말을 떠올려야 한다.

현대사회에서 성공한 사람들은 모두 시간을 지배한 사람들이다. 시간을 어떻게 지배하느냐에 따라, 하루가 24시간이 될 수도 있고 23시간이 될 수도 있다.

성공하는 사람들이 시간을 새롭게 발견하고 풍요롭게 사용하는 방법으로 다음과 같이 네 가지를 들 수 있다.

첫째, 시간 사용을 스스로 결정한다. 다른 사람의 지시에 따라 움직이는 것이 아니라 스스로 자신의 의지에 따라 움직인다.

둘째, 생체시계에 맞추어 생활하는 법을 익힌다. 같은 일도 언제 하느냐에 따라서 걸리는 시간이 다르기 때문이다.

셋째, 해야 할 일은 계획표나 목록을 작성해서 실행한다. 그리고 중간 목표를 정해 놓는다. 중간 목표에 다다르면 자신에게 즉각적으로 보상해주면 계속 집중하도록 유도할 수 있기 때문이다.

넷째, 여유시간을 만든다. 일과 휴식의 균형 있는 삶을 위해서는 여유시간이 필요하기 때문이다.

"지금의 불행은 언젠가 잘못 보낸 시간의 복수다."라는 말이 있다. 시간 관리의 중요성을 알려주는 말이다. 그만큼 시간 관리는 우리 인생에게 중요한 과제의 하나이다. 성공하는 사람들은 시간 관리의 중요성을 깨닫고 시간을 헛된 일에 사용하지 않으며 보람 있는 일에 사용하였다.

시간과 돈의
10가지 가치

"시간을 돈과 같이 생각하라." 벤저민 프랭클린이 한 말이다. 또 영국의 작가 G. 기싱도 같은 말을 했다. 오늘날 성공한 사람들은 이 말을 가슴 깊숙이 간직하고 실제 생활에서 시간을 돈처럼 귀하게 생각하고 아끼면서 어떻게 하면 자기 시간을 더 많이 만들 수 있을까 고민하고 있다. 그런데 보통 사람들은 돈의 가치는 인정하면서도 시간의 가치는 인정하지 않는다. 그래서 시간을 함부로 낭비한다. 시간과 돈의 가치가 유사한 점을 다음 10가지로 요약할 수 있다.

첫째, 시간과 돈은 모두 가치 있는 자원이다. 시간은 그 자체가 자원일 뿐만 아니라 다른 자원을 활용할 수 있는 무기이기도 하다. 아무리 능력 있는 사람이라도 시간이 없으면 아무것도 할 수 없다. 그러므로 시간이 최고의 자원인 것이다. 기업가는 시간이 있어야 돈을 벌 수 있다. 시간을 조절할 수 있어야 돈도 조절할 수 있다.

둘째, 시간과 돈은 가지고 있는 양보다 그것을 어떻게 사용하느냐가 더 중요하다. 아무리 돈이 많아도 흥청망청 쓰면 얼마 가지 않아 빈털터리가 된다. 시간도 마찬가지다. 시간을 잘 활용할 줄 모르면 아무것도 할 수 없다. 시간을 잘 활용하면 무엇이든지 할 수 있다.

셋째, 시간이 흐르면 그 만큼 돈의 가치도 달라진다. 한 단위의 화폐는 시간적 요인에 따라서 가치가 달라진다. 그래서 사람들은 사업에 돈을 투자하는 것이다.

넷째, 시간과 돈은 장기간 투자해야 원하는 바를 얻을 수 있다. 주식뿐만 아니라 무엇에 투자하든지 10년 이상 돈을 투자할 때 돈을 벌게 된다. 10년 이상 한 가지에 투자하면 그 방면에 전문가가 될 수 있다.

다섯째, 돈이나 시간을 투자할 때 타이밍이 중요한 요소가 된다. 투자뿐만 아니라 무슨 일이든지 그 타이밍이 중요하다. 올바른 타이밍을 잡을 때 성공하게 된다.

여섯째, 가치 있는 일에 시간과 돈을 투자하면 부가가치를 낳는다. 그런데 많은 사람들이 시간을 죽이는 일에 돈을 투자한다. 그러나 성공한 사람들은 시간을 살리는 데에 돈을 투자한다. 평범한 사람들은 항상 시간과 돈이 부족하여 쩔쩔매지만, 성공한 사람들은 돈과 시간이 풍부하다. 그들은 시간 낭비를 줄임으로써 여유로운 시간을 갖는다.

일곱째, 자신의 시간적 분수와 경제적 분수를 알면 시간과 돈에 쫓기지 않고 살 수 있다. 자신에게 주어진 시간에 한계가 있다는 것을 아는 것이 시간적 분수를 아는 것이며, 경제적으로 자신의 능력과 한계를 아는 것이 경제적 분수를 아는 것이다.

여덟째, 시간과 돈은 가치 있게 여길 때, 가치 있게 쓸 수 있으며, 시간과 돈이 부족할 때 더욱 그 가치를 실감하게 된다. 그때는 이미 늦었다.

아홉째, 시간과 돈은 무소불위의 힘이 있어 무엇이나 할 수 있고 불가능한 일이 없다. 시간과 돈의 힘을 꺾을 사람은 이 세상에 아무도 없다.

열 번째, 돈과 시간은 인생에 가장 무거운 짐이다. "돈과 시간 어느 것이든 자기가 사용할 줄 아는 범위 이상의 것을 가진 자는 가장 불행하다."S. 존슨의 말이다. 자신의 분수를 알라는 말이다. 분수를 알지 못할 때 돈과 시간은 무거운 짐이 된다.

성공한 사람들은 시간과 돈의 이런 가치와 위력을 알기에 그것을 소중히 여기고 가치 있는 일에 사용한다.

시간 관리의 필요성

오늘날 직장생활을 하거나 사업을 하거나 무슨 일을 하든지 바쁘게 살아가지 않는 사람은 거의 없다. 우리 사회는 거의 모든 분야에서 빠른 것을 원하고 점점 더 속도를 높이고 있다. 그래서 우리는 더 바쁘게 생활하지 않을 수 없고, 잠자리에 한가하게 있을 때는 할 일 없는 사람처럼 보이거나 한심한 인간으로 비치지 않을까 하는 쓸데없는 걱정을 하고 우울한 감정에 빠진다.

사람들은 식사를 하면서도 한 손에 신문을 들고 있으며, 운동을 하면서도 회사 일을 걱정한다. 성공하려면 다들 그렇게 해야 하고, 1분 1초를 아깝게 여기고 무슨 일이라도 해야 하며, 그러기 위해서 건강은 잠시 유보되고, 가족은 희생의 대상이 되고 있다.

그런데 여기에 몇 가지 문제를 갖게 된다. 그렇게 바쁘게 살아가면서 도대체 '바쁘다'는 의미는 무엇이며 그 정체는 무엇일까? 지금 우리는 왜 속도의 마법에 걸려 바쁘게 살지 않으면 안 되는 것일까?

그리고 그렇게 바쁘게 살지 않아도 가능한 방법은 없는 것일까? 속도중독 중에서 벗어나는 길은 없을까?

무엇보다도 속도중독증에서 해방되는 방법은 간단하다. 꼭 해야 할 일과 하지 않아도 될 일의 성격을 분별하는 방법을 알고, 꼭 해야 할 일은 그날 반드시 할 수 있도록 계획을 세워 실천에 옮기는 것이다. 오늘 하루 24시간을 가장 효과적으로 쓸 수 있도록 자신의 삶을 컨트롤하는 것이다.

똑같이 주어진 24시간을 어떤 사람은 정신없이 바쁘게 사는 반면, 어떤 사람은 제법 여유 있게 살아간다. 그 이유는 무엇일까? 시간을 사용하는 방법이나 패턴이 다르기 때문이다.

또한 시간이 갈수록 삶이 성숙해지는 사람과 몇 년이 지나도 늘 그 자리를 맴도는 듯한 사람이 존재하는 이유는 시간의 전략에 차이가 있기 때문이다. 그 비밀을 푸는 열쇠가 바로 시간 관리에 있다.

'시간 관리'란 시간을 컨트롤한다는 것이다. 그러나 엄격한 의미로 볼 때 사람이 시간을 관리하고 컨트롤하기는 불가능하다. 시간은 관리(Management)할 수 없다. 왜냐하면 시간이란 우리 마음대로 관리할 수 있는 것이 아니며, 시계의 초점은 사람들의 바람이나 희망한 대로 움직이지 않기 때문이다. 따라서 시간 관리란 시간 속에 살아가는 사람들의 자기 관리이다. 시간 속에서 자기가 무엇을 생각하고, 무엇을 할 것인가 생각과 행동을 관리하는 것이다. 하루 주어진 24시간을 살면서 쓸데없는 생각이나 행동을 하지 않고 오로지 목표와 계획한 대로 움직이도록 자신을 컨트롤하는 것이다. 이런 컨트롤을 잘하는 사람이 성공하는 사람이다.

시간을 활용하는
기술을 익힌다

　앞에서 말했듯이 돈처럼 귀하고 소중한 시간이 누구에게나 공평하게 하루 24시간이 주어졌다. 그리고 내일의 시간은 오늘 앞당겨서 사용할 수 없고, 어제의 시간은 다시 되돌릴 수 없다. 오로지 오늘 하루 24시간만 살 수 있으며, 그것을 어떻게 사용하느냐에 따라서 인생이 달라진다.

　세상에는 이 귀중한 24시간 중에서 20시간밖에 사용하지 않는 사람이 있는가 하면, 25시간, 26시간을 사는 사람들이 있다. 이렇게 24시간 이상을 사는 사람들이 대부분 성공한 사람들이다. 이렇게 성공한 사람들이 시간을 활용하는 비결은 어디에 있을까?

하고 싶은 일은 많은데, 시간이 없어서 하지 못하는 사람이 있는가 하면, 해야 한다는 긴장감과 압박감에 시달리다가 하루를 보내는 사람도 있다. 누구보다도 가장 바쁜 사람인데 자신이 맡은 일을 완벽하게 처리하고 여유 있게 다른 사람을 위해서 일도 해주며 여가를 즐기는 사람도 있다.

그렇다면 이러한 차이는 어디서 오는 것일까? 그런데 성공한 사람들은 오늘이라는 24시간을 가장 효과적으로 사용할 줄 아는 특별한 재능이 있다. 아이젠하워 대통령, 버나드 바크, 루스벨트 대통령 부인 엘리너 루스벨트, 노먼 V. 필 박사, 전 뉴욕시장 로버트 와그너 등 성공한 사람들은 거의가 자신이 하고 싶은 일을 하는 데 만약 날마다 60분씩만 더 얻을 수 있다면 그 인생은 반드시 만족스러우면서 안정될 것이라고 말한다. 60분 고작 한 시간 더 있다면 인생을 더욱 유익하게 살 수 있다고 말하고 있는 것이다.

우리는 누구나 하루 24시간으로 시작한다. 하루 24시간은 자산 가운데 필요한 만큼의 시간을 찾아 쓰는 은행과도 같다. 주어진 시간은 한정되어 있다. 그러나 그것을 어떻게 쓰느냐는 오로지 그 자신에게 달렸으며 그 사람의 자유다.

우리는 모두 하루 24시간이라는 똑같은 시간을 가지고 있다. 아무리 돈 많은 부자라 할지라도 시간이란 것은 그 이상 사들일 수 없다. 또한 아무리 가난하더라도 시간을 적게 배당받는 일은 없다. 작가 아놀드 베네트는 시간의 가치에 대해서 이렇게 말했다.

"돈은 시간에 비해서 훨씬 벌기 쉬운 것이다. 일정한 수입을 가지고 여러 가지 지출에 부족하면 더 벌면 된다. 또 남에게 빌릴 수도 있으며 다른 방법으로도 벌 수 있다. 그러나 시간은 다르다. 매우 일정하고 엄격히 제한되어 있기 때문이다. 다음해, 다음날은 당신이 한순간이라도 함부로 쓰지 않도록 고스란히 특별히 소중하게 보관되어 있다. 당신이 그런 마음만 먹는다면 당신은 한 시간마다 생활을 새로이 할 수 있을 것이다."

하루 24시간을 어떻게 사용하고 있는가? 아마도 그 가운데 8시간은 잠을 자는 데 사용했을 것이며, 또 8시간은 각자 일하는 데에 사용했을 것이다. 그렇다면 나머지 8시간, 무엇보다도 이 8시간을 어떻게 사용했는가가 중요하다. 이 8시간은 24시간 중에서 가장 중요한 시간이며, 누구나 자유롭게 사용할 수 있는 시간이다. 그런데 사실은 이 8시간은 우리가 하고 싶은 일을 하기에 부족한 시간이기도 하다. 사람들은 이 8시간을 언제든지 나의 바쁜 시간을 여유 있고 한가로운 시간으로 바꾸어 줄

만큼 효과적으로 사용할 수 있는 시간이라고 생각하지 않는다. 그런데 실제 이 8시간은 어느 시간보다도 가치 있게 사용할 수 있는 시간이며, 우리가 만약 이 8시간을 활용하는 기술을 익힌 다면 하루 24시간을 걱정이나 불안한 마음을 없애고 편안한 마음으로 여유 있게 살 수 있을 것이다.

가령 하루 24시간을 잘 활용하여 60분이나 얼마만큼의 시간을 짜낸다면, 그 짜낸 시간을 다른 사람에게 나누어 줄 수 있고, 자기 계발을 하기 위한 시간으로 활용할 수 있으며, 또한 취미와 휴식을 갖고 인생을 즐길 수 있으며, 인생의 새로운 길을 개척해 나갈 수도 있다.

시간을 효과적으로
사용할 방법을 생각한다

성공하는 사람들의 시간 활용하는 기술을 터득하기 전에 우리는 왜 시간의 활용법을 알고자 하는지 먼저 그 이유부터 알아야 한다. 그 이유를 안다는 것은 곧 뚜렷한 목적, 다시 말해 그 시간에 무엇을 하고 싶은지, 생각하고 있는 것이 무엇인지를 분명히 아는 것이다. 이것을 아는 것이 시간활용법을 알기 위한 전제 조건이 되는 것이다.

사람들은 대부분 게으른 탓에 그런 중요한 시간활용법 따위는 찾아보려고 하지도 않고 있다. 뿐만 아니라 모처럼 만든 시간을 다른 목적에 써버리는 일도 있다. 작가인 데드 마로온은 왜 시간을 필요로 하는가에 대해서 이렇게 말했다.

"오늘날처럼 다양하고 재미있게 인생을 보낼 수 있는 시대는 없었다. 오늘날 시간만 있으면 무엇이든지 할 수 있다. 여행·연회·독서·연구·음악·세계 일주 여행 등 누구나 실제로 할 수 있는 일이 많다. 우리는 누구나 새로운 일을 하고 싶고, 새로운 친구를 사귀고 싶으며, 취미를 넓히고 교양을 쌓기 위한 시간이 필요하다. 새로운 장소에 가서 즐거운 자극을 얻고 싶어 한다. 이런 것들이 인생에 있어서 가장 소중한 것이 아니겠는가? 그런데 우리가 정말로 하고 싶고 꿈꾸었던 일을 실제로 부딪쳐 보면 해야 할 일이 너무 많아 손을 댈 수가 없게 되어 다음에 하자고 미루어 버리고 만다. 왜 이런 일이 벌어질까?"

이미 정해진 시간을 늘린다는 것은 곧, 지나가는 시간을 가장 효과 있게 쓰는 것을 말한다. 같은 시간이라도 정신을 차리지 못하고 멍하니 있는 것과 자기의 것으로 생각하고 효과적으로 쓰는 것과는 매우 엄청난 차이가 난다.

사람들이 자기 시간을 어떻게 효과적으로 사용하는가에 대해서 생각하지 않고 살아 가는 것에 대해서 심리학자 도날드 레이드 박사는 이렇게 말했다.

"사람들은 자신의 능률을 높이거나 재산을 늘리거나 잘 관리하는 일에는 머리를 쓰면서 도무지 시간 활용에 대해서는 머리를 쓰려고 하지 않는다."

시간 활용이 중요하다는 것에 대해서 능률연구가인 메리 E. 캔들은 이렇게 말했다.

"자신의 시간을 잘 쓴다는 것은, 그것이 사업이든 무슨 일에서나 우리 생활에서 모든 것을 잘 해낸다는 것을 뜻한다. 이것은 꽤 어려운 일이지만 그렇게 하려고 생각한다면 못할 일도 아니다. 만약 자신의 일에 새로운 비전을 가지고 자신의 생활에 목표를 세우고 자신의 시간을 효과적으로 활용한다면 그 사람은 현재보다 훨씬 즐거운 생활을 하게 될 것이다."

하루 중에서 일하는 시간 8시간에서 효과적으로 시간을 활용하여 60분 즉 1시간만 짜서 빼낼 수 있다면, 1주일에 7시간, 1년에 365시간이라는 상당히 크고 특별한 시간을 만들어 내는 것이다. 이 시간에는 무엇보다도 자기 자신의 성공에 도움이 되는 일을 할 수 있을 것이다. 건강에 유익하거나 취미, 오락을 위해 사용할 수 있고, 가족을 위해서, 자신의 교양을 높이기 위해서 쓸 수도 있는 것이다.

주어진 시간에서 짜낸다는 것은 곧 시간을 절약하는 것으로, 시간을 절약하는 방법은 사람마다 다르지만, 성공하는 사람들의 공통적인 방법은 극히 짧은 시간이라도 아까워하며 저축하는 것이다. 크게 시간을 절약하겠다는 생각을 하지 않고 그 대신 단 20분 또는 10분이라는, 얼마 되지 않는 시간을 절약하는 데에 집중하고 있는 것이다.

엘리너 루스벨트 여사는 시간 절약 비결로 다음 세 가지를 제시한다.

첫째, 시간을 낭비하는 쓸데없는 일은 절대로 하지 않는다. 쓸데없는 일을 하는 자체가 시간 낭비라는 것이다.

둘째, 시간이 걸릴 만한 귀찮은 일은 뒤로 미루도록 하고, 간단한 일부터 재빠르게 요령 있게 시작한다. 그러면 효과가 바로 나타나기 때문이다.

셋째, 두세 가지 일을 한꺼번에 하는 방법을 터득한다. 간단한 일은 한꺼번에 두 가지를 할 수 있다. 그런 일부터 먼저 처리하는 것이다.

시간 관리는
종합예술이다

시간 관리에 대해서 말하기 전에 먼저 '관리'에 대해서 알아
보자. 오늘날 '관리'란 말만큼 많이 사용하는 단어도 없다. 가
정에서 '돈 관리', 회사에서 '인사 관리'와 '재무 관리'란 말을
많이 사용하고 있다. 가정에서 돈 관리나 회사에서 인사 관리와
재무 관리는 매우 중요한 일이다. 가정에서 돈 관리를 잘못하면
아무리 벌어도 밑 빠진 항아리에 물붓기다. 회사에서 인사 관리
와 재무 관리를 잘못하면 그 회사는 망하고 만다.

그럼 '관리'란 무엇을 말하는 것일까? 관리란 옥스퍼드 사전
에 의하면 '사람을 통제하고 지휘, 감독하는 것'을 말한다. 따
라서 시간 관리도 사람을 통제하는 것을 말한다. 이 때 사람은

자기 자신과 부하, 그리고 그 시간에 관계되는 주위 사람을 말한다.

시간 관리란 자기 관리의 한 부분이다. 따라서 자기 관리만 잘 하면 시간도 잘 관리하고 있는 것이다. 시간 관리란 테크닉이나 묘기가 아니다. 인생의 목적이 무엇이며, 한정된 인생을 어떻게 살아야 하는가 하는 문제의식과 방법이 포함되어 있는 종합예술이다. 시간 관리란 넓은 의미에서는 주어진 시간을 어떻게 활용할 것인가 하는 방법을 의미하며, 좁은 의미에서는 한정된 시간을 어떻게 계획을 세워서 그 계획대로 실행해 나가느냐 하는 것을 의미한다.

시간 관리의 목적은 시간에 지배받지 않고 오히려 시간의 주인이 되어, 해야 할 일을 능동적으로 실행해 나가는 것이다. 많은 사람들이 시간을 관리하지 못해 시간에 끌려다니며 시간에 속박당해서 산다. 그들은 자유롭게 살지 못하며 자신이 원하는 바를 이루지도 못하고 산다.

오늘날 현대인들은 매일 시간과의 전쟁을 벌이고 있다. 매일 직장에 출근하는 사람들은 분초를 다투며 시간과의 전쟁을 치른다. 그런데 그렇게 전쟁을 치르면서도 왜 이렇게 바쁘게 살아야 하는지를 깨닫지 못하고 살아가고 있다. 아무런 생각도 없이 바쁘게 다람쥐 쳇바퀴 돌 듯 계속해서 똑같은 일상을 살아가고 있는 것이다.

그러나 성공한 사람들은 바쁜 와중에도 시간을 잘 관리하여 자신의 꿈을 펼쳐 성공의 주인이 되었다.

세계 직물업계의 거물 올브라이트 캉은 사업으로 큰 성공을 거두었으나 마음 한구석에는 화가가 되겠다는 어릴 때의 꿈이 남아 있었다. 그리하여 사업에서 성공을 거두었으나 마음속이 늘 허전하였다. 그는 마침내 그 꿈에 도전하기로 마음먹었다. 그리고 아무리 바쁘더라도 하루 1시간씩 그림을 그리기로 하였다.

사업을 하는 도중에 하루 1시간씩 시간을 내어 그림을 그리는 것이 그렇게 쉽지만은 않았다. 그럼에도 그는 포기하지 않고 아침 식사 전에 한 시간씩 그림을 그렸다. 그렇게 수년이 지난 후 그의 그림은 많은 사람들로부터 관심을 끌었으며, 개인전도 열었다. 그는 그림이 높은 가격에 판매되자 그 그림 값은 모두 우수한 예술가 지망생에게 장학금으로 내놓았다.

올브라이트 캉은 자기에게 주어진 시간을 절약하여 어릴 때의 꿈에 바쳐서 마침내 꿈을 이루었던 것이다.

성공하는 사람들은 시간 관리의 필요성을 절실하게 깨달았기 때문이다. 그리하여 시간 관리에 노력을 기울여 시간 관리, 자기 관리로 성공을 거둔 것이다.

그러면 성공하는 사람들이 시간 관리를 잘 하여 얻은 이점은 무엇일까?

그 이점을 다음 일곱 가지로 요약할 수 있다.

첫째, 주어진 시간 내에 계획한 목표를 달성할 수 있었다. 시간 관리로 인해 목표 외에 쓸데없는 일에 시간을 낭비하지 않게 되었다.

둘째, 질서 정연하게 일을 처리해 나갈 수 있었다. 일을 주먹구구식으로 처리하지 않고 순서에 따라 질서 정연하게 처리할 수 있었다.

셋째, 일과 휴식의 균형을 이루어 능률적으로 기분 좋게 일할 수 있었다. 시간 관리를 잘하여 시간에 쫓기지 않고 여유 있게 휴식을 취하면서 일을 할 수 있었다.

넷째, 계획을 세워 일하기 때문에 시간과 물질의 낭비를 막

을 수 있었다. 무슨 일을 해도 계획을 세워서 하는 습관으로 시
간과 물질을 낭비하는 일이 없다.

다섯째, 서두르지 않고 일할 수 있으며 분주하게 할 필요가
없으므로 스트레스를 받지 않고 일할 수 있었다.

여섯째, 여유시간이 충분히 있어 가정생활, 취미생활, 자기계
발을 위한 시간을 가질 수 있었다.

일곱째, 인생의 꿈과 소망을 이룰 수 있다. 시간 관리를 잘
하기 때문에 더 많은 시간을 갖게 되고, 시간 부족으로 이루지
못하는 일은 없게 되었다.

능률이 가장 오르는
시간을 택한다

우리가 일생을 살다 보면 좋은 날도 있고, 나쁜 날도 있는 것과 마찬가지로 시간도 좋은 시간이 있고 나쁜 시간이 있다. 이것은 심리적인 작용에 의한 것이라고 생각할 수 있으나 같은 조건 아래 어떤 시간에는 능률이 뚜렷하게 오르고, 어떤 시간에는 능률이 뚜렷하게 떨어지는 일이 있다. 이렇게 능률이 오르고 내리는 데에는 모든 사람에게 공통적인 법칙이 있는 것은 아니다. 따라서 자신에게 어느 때가 가장 능률이 오르는 가장 좋은 시간인지를 파악해 두는 것이 좋다.

시카고 대학의 심리학 교수 나다니엘 클라이트만 박사는 수면에 대한 연구로 유명한데, 그는 아침에 능률이 오르는 것은 그 사람의 체온과 밀접한 관계가 있다고 말하였다.

그에 의하면 보통 사람의 정상체온은 36.5도이며, 건강한 사람이라도 하루에 세 번은 체온이 올랐다 내렸다 한다는 것이다. 우리 몸은 잠들어 있는 동안은 체온이 낮고, 깨어 있을 때는 높다. 이것은 이른바 신진대사 작용, 즉 몸이 산소를 태우는 복잡한 과정을 말하고 반영하고 있는 것이다. 이 체온의 변화에 따라 일의 능률이나 정신의 긴장이나 행복감과 정비례한다고 한다.

대부분의 사람들은 다음의 세 가지 유형 중에 어느 하나에 속한다.

첫째, 아침형 인간이다. 이 형의 인간은 난로를 뜨겁게 하여 불이 활활 타오르도록 준비를 갖추고 있는 것과 같다. 이런 형의 사람들의 활동력은 정오 무렵에 정점에 이르고, 그때부터 오후에는 차츰 식어가서 밤이 되면 하루의 근무로 다 타버리고 만다.

성공한 사람들 중에, 특히 비즈니스에서 최고의 경영자들 중에 아침형의 사람들이 많다. 전 스타벅스 최고 경영자 슐츠, 버진 그룹의 창업자 리처드 브랜슨, 애플의 최고 경영자 팀 쿡이 대표적이다.

둘째, 밤형 인간이다. 일명 올빼미형이라고도 부르는데, 아침 일찍 일어나기를 싫어하고, 오전중에는 활기가 없고, 찌뿌듯한 가운데 지낸다. 그러나 오후가 되면 반짝반짝 활기를 띠어 간다. 그러다가 오후 늦게부터 차츰 불덩이가 타오르기 시작한다. 올빼미형의 사람들이 밤늦게 힘차게 일을 할 동안 아침형 인간은 이미 잠들어 있기 마련이다.

셋째, 아침형 플러스 밤형이다. 양쪽의 장점을 다 가지고 있는 사람으로 행복한 사람이라고 할 수 있다. 이 형의 사람들은 아침 일찍부터 일을 시작하여 대낮에 한번쯤 식었다가 밤이 가까워지면 다시 타오르기 시작한다. 최고의 능률을 올릴 수 있는 시간이 아침부터 밤까지이므로 일할 수 있는 시간이 그만큼 많다는 것이다.

만약 자신이 이 세 가지 유형 중에 어느 유형에 속하는지를 알게 되면 자기에게 가장 좋은 시간, 능률이 가장 높은 시간을 찾아내는 것은 의외로 쉽다.

자신에게 가장 좋은 시간이 어느 시간인지를 알아 그 시간에 가장 중요한 일을 한다면 빠르게 일을 처리해낼 수 있을 것이다. 따라서 자신의 능력 이상으로 빨리 할 수 있는 시간이 언제인지 미리 알아두는 것이 중요하다.

자신의 능력 이상으로 속도를 오랫동안 내면 두뇌와 육체 모두를 혹사하는 것이 된다.

성공하는 사람들이
컨디션을 끌어올리는 비결

아침형이든 밤형이든 결코 영원한 것은 아니다. 다른 것과 마찬가지로 습관에 의해서 바꿀 수 있는 것이다. 아이젠하워 전 미국대통령은 아침 일찍 일을 하는 습관을 훈련에 의해서 몸에 익혔다. 그는 오전 6시 30분에 일어나서 누워 있지를 못했다. 그가 하품을 하거나 머리를 쓰다듬으면 피곤하다는 것을 나타내는 것인데, 그는 오전 11시가 되면 이런 증상이 계속 나타나서 일을 전혀 할 수 없게 되었다고 한다.

그가 이렇게 아침형 인간이 된 것은 오랫동안 군대 생활에서 온 습관에 의해서 비롯된 것이다.

누구나 몇 주일 동안 노력하면 체온과 일의 형을 바꿀 수 있다. 어떤 사람은 자신의 능률이 최고로 오를 때가 언제인지 체온을 통해서 알아보는 데에 2주일이 걸렸다고 한다. 그는 그 결과 오전 10시 30분부터 12시까지가 최고로 능률이 오르는 시간임을 알았다. 그리하여 그때부터 중요한 일이나 결단을 내려야 할 일이 있으면 그 시간에 하도록 하였다. 그는 다음과 같이 말했다.

"나는 그 동안 그 시간에 놀랄 만큼 많은 일을 했다. 그 때는 기분이 더 없이 좋았고, 아무리 어려운 일도 거침없이 해결할 수 있었다."

아이젠하워의 말이다.

아침에 일어나서 체온을 높이려면 따뜻한 물로 샤워를 하거나 목욕을 하는 것이 좋다. 또는 30분간 미용체조를 하는 것도 좋은 방법이다. 체온은 한 번 오르면 오랜 시간 동안 유지되며 하루 종일 체온을 조절해줄 수 있다. 트루먼 대통령은 재직 시 아침 산책으로 컨디션을 조절하였다.

보통 머리를 많이 써야 할 중요한 일은 오후까지 끌고 가기 쉬우므로, 능률이 오르는 최고의 시간에 중요한 일을 하기 위해서 다음과 같은 점에 유의하여 체크해야 한다.

첫째, 나중에 천천히 해도 괜찮은 일을 중요한 시간에 하고 있지는 않은가?

둘째, 별로 중요하지도 않은 일, 그날 맨 마지막으로 해도 상관없는 일을 컨디션이 좋은 시간에 하여 귀중한 시간을 낭비하고 있지는 않은가?

셋째, 자신의 컨디션을 올리기 위해 노력하고 있는가?

자신이 비록 밤형의 인간일지라도 오랫동안 지속되는 과정에 능률이 떨어진다는 것을 명심해야 한다. 그것은 자신이 그때까지 어떤 일정한 시간 동안 일을 하여 다른 방법으로 회복할 수 없는 일정한 에너지를 이미 소모해 버렸기 때문이다. 따라서 성공한 사람들은 그런 경우에는 자신의 컨디션을 끌어올리기 위해 노력한다.

생각하는 시간을 만든다

성공하는 사람은 매우 바쁜 시간 속에서 여가를 짜내어 자신과 미래를 생각하는 시간을 갖는다. 특히 경영자들은 쉴 틈없이 움직여야 하는 그 바쁜 아침 시간에 어떻게 해서 생각하는 시간을 만들어 낼 수 있을까? 이들은 그 시간을 일부러 만들어 내지 않으면 도저히 여가 따위는 가져볼 수 없는 사람들이다.

성공하는 사람들이 바쁜 와중에도 여가 시간을 만드는 방법은 여러 가지가 있다. 그 중 몇 가지를 소개한다.

첫째, 혼자만의 시간을 갖는다.

어떤 경영자는 매일 일정한 시간에 문을 닫아걸고, 그 시간에는 전화도 연결하지 않도록 비서에게 지시한 다음 조용한 시간을 갖는다.

둘째, 비밀의 사무실을 갖는다.

어떤 경영자는 다른 사람의 방해를 받지 않는 어떤 장소에 비밀 사무실을 만들어 놓고 틈을 내어 그 사무실에 들어가서 몇 분 또는 몇십 분 동안 생각하는 시간을 갖는다.

셋째, 침대에서 자기시간을 갖는다.

뛰어난 경영자들 중에는 시간을 쪼개어 침대에 누워서 몹시 지친 신경을 가라앉히고, 아이디어를 짜내거나 계획을 세우는 경영자도 있다.

넷째, 하루 2교대 제도를 실시한다.

호프만 전자회사의 광고부장 하킴은 하루 2교대를 실시하여 자기 시간을 갖는다. 오후 1시부터 5시까지는 전화도 받으며, 회의도 하는 등 일상적인 업무를 한다. 그 후로는 4시간 동안 자기만의 시간을 갖고 마음속에 있는 여러 가지 번뇌와 걱정거리를 털어내며, 아이디어를 짜내고, 그것을 실천하는 방법을 모색한다.

또 어떤 경영자는 오전 2시에 일어나 3시에 책상 앞에 앉는다. 그런 다음 세계 여러 나라의 신문을 읽으면서 세계 정보에 관한 글을 쓴다. 9시에 출근하여 12시 30분에 사무실을 나와 점심시간에 낮잠을 자기 위해 자기 집으로 돌아간다.

바쁜 와중에도 자기 시간을 만들어내는 방법은 경영자마다 사람마다 다르다. 그러나 성공한 사람들의 공통적인 것은 아무리 바빠도 자기만의 시간을 만들어 자신과 미래를 생각하고 새로운 아이디어나 계획을 구상한다는 점이다.

좋은 습관을
꾸준히 기른다

벤자민 프랭클린은 젊어서 좋은 습관을 길들이기 위해 집중적으로 노력했다. 그가 기르려고 집중적으로 노력한 습관에는 절제·침묵·질서·결단·절약·성실·정의·중용·평정·순결·겸손 등이 있다. 79세에 그는 이렇게 회고했다.

"처음에는 나는 나를 이기기 위해 이런 습관을 길렀다. 때로는 원칙을 어긴 것도 있지만 그런 일에 그렇게 마음 쓰지 않고 계속했다. 그리고 내 자신이 상상했던 이상으로 결점이 많다는 것을 깨닫고 놀랐다. 그러나 다행한 것은 그러한 결점들이 하나씩 고쳐지고 있다는 것이었다. 그러면서 끝내는 결점이 없는 완벽한 인간이 될 수 있다는 것도 알았다. 나는 이것을 알고 실행함으로써 아무것도 하지 않았던 것보다는 훨씬 진실한, 훨씬 행복한 인간이 되었다. 올해 일흔아홉이다. 나는 이 나이가 될 때까지 행복하게 살았다. 물론 신의 가호도 있었지만 무엇보다도 내가 부단히 노력한 덕분이다. 신은 우리를 인도하지만 행동 하나하나까지 가르쳐 주지 않는다. 그 일은 전적으로 자신의 책임이며, 자신의 의지이며, 자신의 몫이다.”

좋은 습관의 가치는 금전으로 따질 수 없을 만큼 가치가 있다. 위의 벤자민을 위시해서 성공한 많은 사람들은 젊어서부터 좋은 습관을 꾸준히 기르려고 노력하였다. 그 결과 신체와 정신은 건강하게 만들어졌고, 위대한 업적을 남겼다.

특히 시간 관리에 대한 좋은 습관을 기르는 것은 어렵지 않다. 좋은 습관의 가치를 깨닫고 작은 행동부터 매일 반복하면 된다.

시간 관리에 대한 좋은 습관을 기르기 위해서 다음의 몇 가지부터 실행해 본다.

첫째, 아침에 10분 할애하여 오늘 해야 할 일의 목록을 적어 본다. 그 목록을 적을 때 우선순위별로 적은 다음 순위대로 차근차근 실행해 본다. 그리고 저녁 잠자리에 들기 전에 목록을 체크해 본다.

둘째, 모든 일을 기록하는 습관을 기른다. 어디를 가든지 메모할 수 있는 필기구와 메모지를 가지고 다니면서 잊기 쉬운 사항들을 기록한다. 문득 떠오르는 아이디어도 적는다. 그렇게 메모하는 습관을 가지면 누구보다도 정확한 사람으로 인정받을 것이다.

셋째, 책상 위에는 당장 처리해야 할 일과 책만 남겨 놓고 다 치운다. 그러면 기분이 좋아지고 집중력이 생길 것이며, 일의 효과도 높아질 것이다.

넷째, 1분이라도 생산적으로 쓰려고 노력하려는 의지를 보인다. 1분이 모여 한 시간이 되고, 한 시간이 모여 하루가 되기 때문이다.

PART

02

성공하는 사람들의
시간 관리 기본원칙

계획을 세워
시간을 관리한다

스페인의 격언에 "공중에 성을 쌓지 못하면 어디에도 성을 쌓을 수 없다."라는 말이 있다. 아무것도 존재하지 않는 허공에 성을 쌓지 못하면 어디에도 성을 쌓을 수 없다는 말이다. 대개 미국인들은 백일몽을 꿈꾸는 것은 시간 낭비라고 생각한다. 그러나 성공한 사람들은 컨트롤된 백일몽은 시간 관리에 절대적으로 필요한 것이라고 생각한다. 이것은 일명 계획 수립이라고 부르지만, 회사를 경영하는 CEO나 조직의 리더 들은 회사나 조직을 운영하기 위해서는 계획수립을 위한 시간이 중요하다고 말한다.

데이비드 알렌은 그의 저서 〈업무 달성〉에서 매일 일을 처리하는 데 있어서 게임을 하는 듯한 계획이 반드시 필요하다고 말하였다. 계획이 없으면 자신의 눈앞에 있는 일들이 터무니없이 시간을 낭비하게 만든다는 것이다. 알렌은 "계획이 없으면 기회와 싸우는 것이 아니라 단지 문제와 씨름하다가 하루를 끝내버린다."라고 서술하였다.

계획을 세움으로써 비생산적인 활동을 하지 않게 되고, 꾸물거리는 일이 없게 된다. 따라서 계획을 세우는 일은 마치 현미경을 이용하여 가까이 있는 사물을 보는 것과 망원렌즈를 이용하여 멀리 있는 사물을 바라보는, 두 가지 방법으로 사물을 보는 것과 흡사하다.

그러면 현미경을 사용하여 계획을 세우는 일과 망원렌즈를 이용하여 계획을 세우는 것의 차이점은 무엇인가?

첫째, 망원경식 계획수립

망원경식 계획을 수립하는 것은 큰 시야를 갖고 계획을 세우는 것이다. 이것은 장기 목표를 설정한 후 그것을 달성하기 위한 계획을 세우는 경우와 같은 것으로, 이런 때에 과거를 돌아다보게 되고, 실패를 통해서 교훈을 얻게 되며, 과거의 성공을 기초로 장래를 계획하는 것이다. 또 이런 계획을 세우는 과정에서 기업이나 조직의 목표를 달성하는 데에 자신이 더욱더 공헌할 수 있는 방법은 없는지를 검토하는 시간을 갖기도 한다. 그러기 위해서 공부를 하거나 자신의 분야와 관계 있는 문헌을 읽고 자신의 전문적인 능력을 닦는 시간을 갖기도 한다.

일주일의 스케줄을 짤 때는 망원경식 계획을 수립하기 위한 한두 시간을 잡아둘 필요가 있다. 망원경식 계획수립은 가능한한 사무실에서 하는 것보다 무엇으로부터도 방해를 받지 않고 자유롭고 여유 있는 마음으로 할 수 있는 곳에서 하는 것이 좋다. 쾌적하고 긴장을 풀 수 있는 자택이나 야외나 조용한 장소에서 하는 것이 좋다.

둘째, 현미경식 계획수립

현미경식 계획수립은 어느 특정문제나 일에 초점을 정확히 맞추는 것이며 이 때 다음과 같은 방법으로 하면 효과적으로 계획표를 작성할 수 있다.

① 일일계획표를 작성해서 그 날의 일을 계획한다.
② 인사에 관한 문제를 좀더 깊이 생각한다.

③ 성공한 사람들은 대부분 다음과 같은 가이드라인을 정하고 스케줄을 짜서 활용한다.

- 그날 발생할 문제들을 위해서 하루 38% 시간을 투자한다.
- 일주일 후에 발생할 문제에 대해서는 70%의 시간을 투자한다.
- 일주일에서 한 달 후의 문제에 대해서는 15%의 시간을 투자한다.
- 6개월 후의 문제에 대해서는 5%의 시간을 투자한다.
- 6개월부터 일 년 후의 문제에 대해서는 2%의 시간을 투여한다.

현미경식 계획수립을 위해 매일 1시간 정도 조용한 시간을 설정해 둔다. 이를 위해 혼자서 할 수 있는 시간을 선택하고, 이런 시간으로는 전화, 방문자 예방 등으로 방해받지 않는 조용한 아침 시간이 제일 좋다. 어느 시간을 정해도 상관없으나 적어도 하루 한 시간 정도는 자기 혼자서 있을 수 있는 시간을 정해야 한다. 가능하면 매일 같은 시간을 정해 두면 그 시간이 되면 주위에서 그 시간은 당신 혼자만이 갖는 시간임을 알고 방해를 하는 일은 없을 것이다.

다음으로 할 일은 현미경식 계획을 수립할 수 있는 장소를 찾는 것이다. 이것은 자신의 사무실로 해도 상관없다. 이 경우 자신이 계획을 수립하는 시간에는 아무도 방해하지 않도록 모든 방해를 막아주는 사람이 있어야 한다.

여하튼 성공하는 사람은 현미경식 계획과 망원경식 계획을 세워 그 계획대로 실행하여 목표를 달성한다.

저녁에 내일의
계획표를 작성한다

백화점 연합 대표인 프레드 라알스 주니어는 일주일 동안의 계획표를 짠 다음, 그 가운데서 언제나 맨 먼저 해야 할 일 5가지 또는 10가지를 골라내는 것으로 매일 25분을 사용하고 있다고 말하면서 주간계획표 작성에 대해서 이렇게 말했다.

"자기가 당면하고 있는 일 가운데 어떤 것을 맨 먼저 할 것인가를 생각해보는 것이 가장 중요하다. 해야만 하는 일을 순서대로 정한 다음, 빨리 완성하고 싶은 것을 적어둔다. 그 다음에는 힘든 일을 적어둔다. 급하게 하지 않아도 되는, 잡다한 일은 뒤로 돌려서 시간 낭비를 줄인다. 그런 쓸데없는 일에 얽매이면 다른 중요한 일을 하지 못할 뿐더러 같은 결과를 얻는 데

두 배의 시간과 노력이 들게 마련이다."

성공한 사람들은 하루의 마지막 짧은 시간을 이용하여 다음 날 할 일에 대한 계획을 세운다. 하루 마지막 시간 10분 동안에 다음날 계획표를 작성함으로써 하루를 잘 보냈다는 안도감을 느끼면서 그 뒤의 남은 여가를 좀더 편안히 보낼 수 있다.

미국의 루스벨트 대통령 부인 엘리너 루스벨트 부인은 계획을 세우는 일에 대해서 이렇게 말했다.

"전날 밤에 계획을 세워 준비한 일은 이튿날 계획 없이 주먹구구식으로 하는 데에 걸리는 시간의 절반으로 해낼 수 있다. 게다가 노력도 훨씬 적게 든다. 이 10분 동안의 기록이 이튿날의 행동계획을 세워주기 때문이다. 계획을 세우지 않아 이튿날의 일이 머리에 남아 불안에 떠는 것보다 신선하고 흥미로운 메모를 하면서 하루를 끝내는 편이 훨씬 좋다. 이렇게 전날 저녁에 계획을 세워두면 다음날은 완전히 새로운 마음으로 시작할 수 있다."

웨스팅하우스 회사 사장인 에드워드 보셀은 엘리너 루스벨트의 의견에 적극 동의하면서 이렇게 말했다.

"내일의 일정을 모두 적어두었으므로 이제는 잊어버릴 수 없다는 것을 확인하면 밤에 많은 사업 일로 많이 고민하는 일이 없다. 나는 정신적 고민을 실제로 써 보고 해결책을 찾도록 자신을 훈련해 왔다. 그리고 망설이며 결단을 내리지 못하여 많은 시간을 낭비하는 일이 없도록 자신을 교육해 왔다."

성공하는 사람들은 하루가 끝나는 저녁 끝자락에 잠시 시간을 내어 내일 할 일에 대해 계획을 세우면서 활기찬 내일을 그려본다. 그들은 계획을 세워 내일을 준비하면서 하루를 기분 좋게 끝내고 있다.

성공하는 사람들의
계획표 작성법

성공하는 사람들 특히 경영자들은 일을 계획하고, 그 계획에 따라 매일 업무를 수행해 나간다. 업무 계획을 머릿속으로 생각하는 것만으로 하지 않고 계획을 종이에 적는다. 종이에 적음으로써 자신의 목표를 잃지 않게 되며, 자신의 눈앞에 내일 출현하는 중요도가 낮은 것에 주의를 빼앗기지 않게 된다.

성공한 사람들은 일일 계획표를 다음과 같은 방법으로 작성하고 실행한다.

첫째, 우선순위를 나타내는 시스템을 만든다.

━ 우선도 A=당일 중 반드시 실시할 것

- 우선도 B = 당일 중 반드시 하도록 노력할 것
- 우선도 C = 실행을 연기해도 괜찮은 일
- 우선도 D = 누구에게 맡겨도 좋은 일

둘째, 해야 할 난에는 오늘 처리할 업무작업의 목표를 기입한다. 각각 우선도를 정하여 A, B, C 순의 기호를 기입한다. 그일을 누군가에게 맡길 수 있는 것이라면 A/D, B/D, C/D의 어느것에나 기입한다. 그리고 업무를 추진하는 과정에 불확실한 점을 알고자 전화를 할 경우에는 전화를 걸지라도 전화 난에는 기입하지 않는다. 가능하면 업무를 계획하기 전에 필요한 전화를 전부 끝내고, 불확실한 점은 규명하는 것이 좋다. 전화를 거는 일로 그 업무 수행이 중단된다면 귀중한 시간이 낭비되는 것이다.

셋째, '전화' 난에는 그날 전화 예정인 상대와 전화로 상의할주제를 기입한다. 이 경우에는 우선도를 기입한다.

넷째, '약속' 난에는 시간, 약속한 사람의 이름, 장소를 기입한다. '시간' 난에는 이 면담에 필요한 예정된 최대의 시간을 기록한다. 예정된 시간 1, 2분 전에 면담이 완결되도록 한다. 언제나 예정, 또는 목표 시간을 정해두었다고 하여 예정대로 되는 것은 아니지만, 불필요하게 면담을 질질 끌게 되는 일이 없게 되며, 예정 시간을 지키는 일이 쉬워진다.

다섯째, 약속은 미리 예정에 넣은 것이므로 지키게 되는 것은 당연하다. 그러나 해야 할 일 난과 전화 난에 기입한 우선순위 A는 우선순위 B를 실시하기 전에 완료해야 하며, 또한 우선순위 C를 실시하기 전에 우선도 B를 완료해야 한다.

여섯째, 예정 외의 사항을 처리하기 위해 매일 한 시간 정도 자유로운 시간을 둔다. 이 자유로운 시간을 사용하지 않고 끝날 경우에는 밀린 일을 사용하는 데에 사용한다.

시간을 기록하여
관리한다

"시간을 기록하라. 시간을 관리하라. 일체화하라. 경영자는 이 세 가지 스텝을 밟는 것이 효과적인 시간 관리의 기초이다."

경영학의 귀재 피터 드러커가 한 말이다.

시간 기록과 시간 관리를 최저 6개월마다 반복해서 실시해야 한다. 비생산적 행동은 자신도 모르는 사이에 자신의 스케줄에 잠입하므로 정기적으로 점검을 통해서 이것을 찾아내어 제거할 필요가 있다. 그렇기 때문에 최소한 6개월에 한 번씩 점검해 보라는 것이다.

자신의 시간을 기록하고 관리하게 되면 자신이 해야만 하는 일을 가장 효과적으로 할 수 있는 시간이 어느 때인지를 알 수 있게 된다. 문제는 이 시간이 하루 스케줄 속에서 부분적으로 조금씩 나누어져 있다는 점이다. 또한 이 시간을 합하면 1시간이나 2시간이 되는데, 대개의 경우 경영 간부들이나 높은 직위에 있는 사람들이 일을 처리하는 데에 시간이 충분하지 않다는 점이다. 매시간 15분씩을 내어서 활용해도 이것을 완성하기가 힘들다. 필요한 것은 약간의 시간적 여유를 갖는 대신에 이것을 합해서 상당한 시간을 가질 수 있는 시스템을 만드는 것이다. 이런 시스템을 만들기 위한 방법으로 다음 몇 가지를 들수 있다. 다음의 방법은 경영자는 물론 조직의 리더들이 많이 활용하는 방법이다.

첫째, 일주일에 하루 정도는 집에서 일한다. 집에서 일하면 사무실에서 일하는 것보다 마음이 안정되고 편안하기 때문에 능률이 오를 수 있기 때문이다.

둘째, 일주일 중 월요일이나 금요일을 미팅이나 문제를 해결하는 날로 정한 다음, 그 밖의 일도 하는 날을 별도로 정하여 스케줄에 포함한다. 화·수·목요일 오전, 오후를 경영 간부로서, 또는 높은 직위에 있는 사람으로서 맡은 일을 하는 날로 정한다.

셋째, 오전 중 2시간 또는 1시간 동안 자기 집에서 매일 반복되는 일을 끝내 버린다. 하루 일을 끝내는 시간 때보다 하루 일을 시작할 때가 더 능률이 오르고 생산적인 상태가 되는 경우도 있다. 게다가 저녁 시간을 가족과 함께 보내는 즐거움도 맛볼 수 있다.

넷째, 전화할 시간을 정하여 전화로 인하여 불필요한 신경을 쓰거나 시간을 낭비하는 일을 없앤다.

다섯째, 아침 식사를 좀 늦게 하고 점심시간에도 일을 한다. 즉 점심시간도 아껴서 일을 하는 시간으로 활용한다.

무엇이든지 캘린더에
입력하여 관리한다

성공하는 사람은 일을 어떻게 분배하여 캘린더에 입력하는지 구체적으로 살펴본다. 그들은 서류를 케이스 별로 분류하면서 바로바로 캘린더에 입력한다.

우선 '오늘 해야 할 일' 케이스에 놓는 서류는 당연히 '오늘' 일정에 입력한다. 그리고 '마감 있는 일' 케이스에 넣는 서류는 반드시 캘린더에 '마감일'을 표시하여 입력한다. 예를 들어 이번 주 금요일까지 제출해야 할 기안서가 있다면 실제 마감일보다 이틀 앞선 날짜인 수요일에 '기안서 작성'이라는 일정을 두 시간 잡는다. 그리고 실제 마감일인 금요일에는 '기안서 수정 및 제출'이라는 일정으로 30분 잡은 뒤 서류에 라벨을 붙여 마감일을 표시하고 '마감 있는 일' 케이스에 넣는다. 캘린더에 일정을 잡아두지 않고 서류만 분류하면 날짜를 일일이 기억하지 못해 마감일을 넘길 확률이 높으므로, 반드시 업무마다 언제 처리할 것인지 시간을 배정해 캘린더에 입력해 둔다.

인간은 망각의 동물이다. 그날 반드시 해야 할 일도 몇 분 지나면 열 가지 중에 두세 가지는 잊어버린다. 따라서 '이번 주에 해야 할 일' 중에서 몇 가지를 까맣게 잊어버리는 일은 다반사다. 그리하여 잊어버렸다가 마감일에 쫓겨 계획대로 처리하지 못한 경험은 누구나 있을 것이다. 그러므로 성공하는 사람들은 어떤 일을 먼저 처리할지 순서를 결정하고 순서대로 시간을 배정한 뒤 캘린더에 입력하는 습관을 갖는다.

캘린더에 할 일을 입력해 두었으면 잊어버려도 상관없다. 그만큼 머릿속 공간이 넓어지므로 다른 일에 집중할 수 있다. 실제로 실수를 하거나 집중하지 못하는 원인은 이것저것 쓸데없는 것들을 기억하느라 머릿속이 복잡하기 때문이다.

마감일이 언제인지, 오늘은 어떤 일을 할지 기록해 두면 일일이 기억하지 않아도 된다. 쓸데없는 일을 줄여야 업무 효율이 높아진다.

대개 많은 사람들은 '일일이 적지 않아도 서류를 보면 다 아는데 뭘. 하나하나 입력하기 귀찮다.'라고 생각하고 메모하는 것을 귀찮게 생각한다. 그러나 성공하는 사람들은 그렇게 생각하지 않는다. 일단 해야 할 일은 캘린더에 전부 입력한다. 얼핏 수고스럽게 생각할지 모르나 몇 번의 수고가 머릿속의 쓸데없는 요소들을 없애 작업 속도를 높여 주고 실수를 줄여 준다. 귀찮더라도 캘린더에 모두 입력해 놓으면 기억해야 하는 일을 덜게 되고, 해야 할 일을 집중적으로 할 수 있게 된다.

스케줄 캘린더를
활용한다

　성공한 사람들은 포켓 캘린더를 언제나 휴대하고 있다. 사무실을 떠나 있을 때에도, 약속과 회의 예정을 짤 필요가 있을 경우에도 시간이 있는지 여부를 이 캘린더를 보고 확인한다.

　캘린더에는 일정을 적는 기능만 있는 것이 아니다. 30분 이상 시간이 걸리는 모든 일을 적을 수 있다. 이 기능을 활용하여 일정을 적는 것에 그치지 않고, 해야 할 일에 따라 시간을 배정하는 표를 만들 수 있다.

　학창 시절에는 시간표에 따라 할 일이 정해져 있었다. 국어 시간, 수학 시간 등 정해진 시간표에 맞춰 과목을 바꿔가며 방대한 학습 분량을 소화했다.

직장인에게는 시간표가 없으니 자신의 업무 시간표를 캘린더에 직접 만들어야 한다. 그리고 시간표에 따라 일한다. 기획서 작성, 경비 청산 등 시간표에 따라 순서대로 일하고 있으면 어느새 하루 일과가 끝나고 있을 것이다.

여기서 핵심은 정해진 시간에 정해진 업무에만 집중해야 한다는 것이다. 그 일 외에는 해야 할 다른 일이 있더라도 일단은 생각하지 말고 그 일만 생각해야 한다. 국어 시간에 수학공부를 해서는 잘 할 수 없는 것과 마찬가지다.

업무도 정해진 시간에 정해진 업무내용만 집중해서 그 시간 안에 마치도록 해야 한다. 일하는 도중 자꾸 다른 일이 끼어들면 아무리 시간이 많아도 제때에 마치기 어렵다.

"시간 안에 마치지 못하면 야근을 하면 되지."

"집에 가지고 가서 하면 되지." 하는 생각은 버려야 한다.

할당된 시간 안에 일을 마치지 못했다 하더라도 정해진 시간이 지나면 하던 일을 접고 다음 일을 시작해야 한다. 그렇지 않으면 마음이 느슨해져서 점점 시간표를 지키지 않게 되기 때문이다. 그렇게 되지 않도록 정해진 시간을 유념하여 제때 업무를 마치는 습관을 들여야 한다.

습관이 되면 시간 내에 반드시 마쳐야 한다는 의식이 생겨 자연히 집중이 높아진다. 또한 다른 생각을 하지 않게 되어 업무 속도도 빨라진다.

그래도 시간표를 지키기 어렵다고 생각하는 사람이 있다면 그는 아마도 자신의 업무 속도를 정확하게 파악하지 못했을 가능성이 크다. 업무에 걸리는 시간을 계산하는 것은 성공하는 사람에게는 필수적이다. 그러므로 우선 업무에 걸리는 시간부터 계산할 줄 알아야 한다.

세상 모든 일에는 마감이 정해져 있다. 업무를 받았을 때 그 자리에서 "시간과 노력이 어느 정도 들 테니 며칠까지는 마치겠다."는 견적을 내지 못하면서 덜컥 일을 받으면 안 된다.

소요시간 계산에 서툰 이유는 자신의 업무를 제대로 파악하지 못했기 때문이다. 자신의 업무를 제대로 파악하고 계산할 수 있는 상태여야 시간도 잘 관리할 수 있다.

성공하는 사람들이 주로 사용하는 캘린더는 탁상 캘린더로 기입내용과 활용방법은 다음과 같다.

첫째, 비서나 어시스턴트가 상사를 위해 사용하는 탁상 캘린더는 예정된 시간과 다음 사항들이 기입되어 있다.

■ 약속된 사람 이름

— 회의 시간

— 회의 주제 또는 약속 이유

둘째, 약속을 잡으면 어시스턴트나 비서는 상사를 위해 이 캘린더에 약속 날짜와 장소 등을 메모해야 한다. 어시스턴트는 상사가 어느 정도의 시간이 있는지를 알고 있으므로 상사와 하루 두 차례 이상 만나서 탁상용과 포켓용 캘린더를 놓고 상의를 해서 서로 어긋나지 않도록 조절한다.

성공하는 사람들이 캘린더로 일정을 관리하는 방법을 요약하면 다음의 세 가지다.

첫째, 할 일은 모두 캘린더에 입력하고 잊어버린다.

둘째, 업무에 걸리는 시간을 파악하고 매일 시간표를 짠다.

셋째, 시간표에 따라 일하고 점차 소요시간을 줄여나간다.

성공한 사람들은 이 세 가지만을 잘 지켜 시간을 잘 관리한다. 시간을 잘 관리한다는 것은 곧 자신의 업무를 파악할 수 있다는 것을 의미한다. 이것은 일을 잘하는 사람이 되기 위한 전제조건이다. 이렇게 하면 일의 속도가 빨라질 뿐만 아니라 정해진 시간에 집중할 수 있고, 업무의 질이 높아지며 실수가 줄어든다.

메모장을 함께 사용하는 사람도 있고, 별도의 업무관리 애플리케이션 등을 사용하는 사람도 있는데, 무엇이든지 한 번 보면 바로 알 수 있도록 하는 것이 캘린더 입력의 핵심이다. 그런 의미에서 성공하는 사람들은 구글 캘린더를 많이 사용하며, 그곳에 모든 정보를 모아놓고, 쓸데없는 줄이나 메모를 중복해서 사용하지 않는다.

일을 단순화한다

성공하는 사람들이 시간 절약하는 방법의 하나로 일을 단순화하는 것이다. 일을 어려운 방법으로 하지 않고 단순한 방법으로 하면 일도 잘 할 수 있고, 시간도 걸리지 않기 때문이다. 일을 단순화하는 것이 하루 24시간에서 여가를 짜내는 좋은 방법이기도 하다.

일을 단순화하는 것은 하나의 기술이라기보다는 생활철학이라고 할 수 있다. 이것은 성공하는 사람들이 모든 일과 활동에 적용하는 비결이기도 하다. 일을 단순화하는 것은 자기가 해야 할 일의 세부적인 것에 대해서 정확한 지식을 얻는 일에서부터 시작해야 한다. 그리고 그 기초 위에서 불필요한 시간과 노력의 낭비를 없애고 개선해 나가는 것이다. 우리 주변에는 아직도 어떤 분야의 일에서 시간과 노력을 낭비하고 있다. 이른바 자동화된 일에도 그러하며, 우리가 하는 일 중에서 시간과 노력의 낭비는 우리가 생각하는 것 이상으로 심하다.

성공하는 사람들이 어떤 일을 할 때 다음과 같은 방법으로 일을 단순화하여 시간과 노력을 낭비하지 않기 위해서 다음과 같은 것들을 먼저 생각한다.

첫째, 일을 착수하기 전에 먼저 다음과 같은 의문을 가지고 자문해 본다.

이 일이 어째서 필요한가? 이 일을 단순히 습관적으로 하고 있는 것은 아닌지? 이 일을 하지 않아도 되는 것은 아닌지? 또는 그 일부만 해도 상관없는 것은 아닌지?

둘째, 무엇이 그 일의 핵심인가? 그 일을 하면 무엇을 얻을 수 있는가? 잘못 된 순서는 시간 낭비이므로 어떻게 바꾸는 것이 효과적인가?

셋째, 어디서 그 일을 하는 것이 좋은가? 가족과 함께 그 일을 할 수는 없는가? 거실에서도 할 수 있는데 일부러 책상에 앉아서 하는 것은 아닌가?

넷째, 언제 하면 좋은가? 누가 그것을 하는 것이 좋은가? 그것을 하는 최선의 방법은 무엇인가?

성공한 사람들은 일을 하기 전에 위의 4가지를 생각한 다음 그 일을 할 때 시간을 줄일 수 있는 새로운 방법을 찾는다. 이들이 찾는 일의 단순화는 주로 다음과 같이 4가지에 해당된다.

첫째, 불필요한 세부적인 것을 배제한다.

둘째, 가능한 둘 이상의 일과 도구와 재료를 관련시킨다.

셋째, 일의 순서를 계통적으로 편성한다.

넷째, 자질구레하고 복잡한 일은 모두 될 수 있는 대로 단순화한다.

다섯째, 다른 일을 준비할 시간을 계획한다.

열두 아이의 어머니로서 〈한 다스면 싸진다〉를 집필한 리리 안 길브레스 박사 부인은 "대개의 일은 그 일에 소비하고 있는 시간의 66%까지 절약할 수 있다."고 말하였다. 성공하는 사람 들은 어떤 일이든지 시간을 줄이면서 할 수 있는 방법을 고민하 고 연구하여 그 방법을 실행하여 시간도 줄이면서 좋은 결과를 가져오는 효과적인 방법으로 일을 한다.

아이젠하워의 특별한
시간 관리 원칙

미국의 제34대 대통령 드와이트 데이비드 아이젠하워는 '시간 관리의 대가'로 불린다. 할 일이 태산같이 많은데도 그 일을 빈틈없이 제때에 해내고, 가족과 많은 시간을 함께 보냈고, 취미생활도 다양하게 했다. 그가 그런 여유로운 생활을 할 수 있었던 것은 다음과 같이 업무를 네 등급으로 나누어서 그 등급에 따라 일을 처리했기 때문이다.

첫 번째 등급, 시급하면서도 중요한 업무

아이젠하워는 첫 번째 등급의 일 즉, 시급하면서도 중요한 일은 절대로 미루지 않고 그 즉시 처리했다. 실제 누구나 이런 일은 미루기 곤란하다. 미루었다가는 상사나 동료들로부터 질책이나 비난을 받기 때문이다. 따라서 이런 종류의 일에는 큰 위험은 없다. 그럼에도 불구하고 아이젠하워는 이런 일에는 정신을 더욱 집중시키고 신속정확하게 처리하여 상사나 주위 사람들로부터 칭찬을 들었다.

두 번째 등급, 시급하지는 않지만 중요한 일

이런 일을 처리하는 것을 보고 부하나 동료의 일처리 능력을 판단할 수 있다. 이런 일은 대체적으로 시간적 여유가 있다. 그런데 많은 사람들이 이런 일에 실수를 저지른다. 그것은 시간적으로 넉넉하다는 여유로운 마음에 일의 진행 상황을 체크하지 않기 때문이다. 대체적으로 일을 맡았을 때 초반에는 일을 잊고 있다가 마감시간이 임박한 마지막에 가서 일을 벼락치기로 한다. 그리하여 항상 시간이 부족하게 되는 것이다. 아이젠하워는 긴 인생을 생각하여 두 번째 종류의 일을 더욱 중요하게 생각하고 신속하게 처리했다.

세 번째 등급, 시급하지만 중요하지 않은 업무

대체로 이런 일에는 급하기 때문에 서두른다. 그래서 시간적으로는 마감시간에 쫓기지는 않는다. 그러나 급한 일이기 때문에 서두르다가 실수를 하게 된다. 따라서 아이젠하워는 이런 일은 믿을 만한 사람에게 위임했다.

네 번째 등급, 시급하지도 중요하지도 않은 일

세상에 이런 일도 있는가 싶은 생각이 든다. 하지만 직장생활에서 이런 일은 반드시 있다. 직장에서 직장인들이 하는 일이 모두 직장과 관련 있는 일은 아니다. 상사의 집안일도 하고 메일도 쓰고 친교나 사교의 일도 한다. 이런 일은 직장과 상관없기 때문에 하지 않아도 된다. 그러나 많은 직장인들은 이런 일에 매달린다. 그러기 때문에 시간이 없다고 푸념을 하게 된다.

"중요하지도 않은 일에 많은 시간을 낭비하고, 정작 중요한 일에는 집중하지 않는다."

보통 직장인들이 상사로부터 많이 듣게 되는 질책의 말이다.

성공한 사람들은 정말 일은 많고 시간이 부족한 사람들이다. 그런데도 그들이 효율적으로 일을 처리할 수 있는 것은, 그들은 핵심 업무만 빼고 모두 위임하기 때문이다. 그들이 위임을 잘하는 것도 그들의 능력 중의 하나이다.

빌 게이츠의 시간 사용법

마이크로소프트사를 설립한 빌 게이츠는 세계에서 가장 돈이 많은 부자이면서 가장 바쁜 사람이다. 그는 시간을 분 단위로 쪼개어서 스케줄을 짜고 모든 일정을 소화한다. 그의 시간 관리법의 특징을 다음과 같이 몇 가지로 들 수 있다.

첫째, 어린 시절부터 시간 관리의 좋은 습관을 길렀다.

빌 게이츠의 어머니는 그에게 식사를 규칙적으로 하도록 하였고, 모든 일을 계획을 세워서 실행하여 시간낭비를 줄이도록 가르쳤다. 그는 어머니의 가르침대로 어려서부터 시간 관리를 철저히 했다.

둘째, 학창시절에 숙제나 악기 연주 등 그 날 해야 할 일은 어김없이 해내고 마는 습관을 길렀다. 숙제든 오락이든 그 날 할 일은 반드시 해내고 마는 습관이 있었다.

셋째, 그는 새벽 3시에 일어나서 2~3시간씩 독서를 했다. 빌 게이츠는 그야말로 아침형 인간이다. 다른 사람이 깊은 잠에 빠져 있을 새벽에 일어나 독서를 하여 지식을 쌓았다.

넷째, 젊었을 때부터 독서를 많이 했다. 그는 인근에 있는 작은 도서관에 종종 들려서 그곳에서 책을 많이 읽었다. 그리하여 그는 오늘날의 성공은 그 도서관 덕분이라고 말할 정도로 도서관을 많이 이용하여 그 도서관에 있는 책을 섭렵했다.

다섯째, 시간 낭비를 최소화하려고 노력하였다.
그는 쓸데없이 시간을 낭비하는 것을 가장 싫어했다. 특히 친구들이 모여서 잡담으로 시간을 보내는 것을 가장 싫어했다. 그는 친구와 만나기로 약속하면 만나서 어떤 주제에 대해서 이야기할 것인가를 미리 준비했다. 그러니까 만나서 불필요한 잡담으로 시간을 낭비하는 일은 결코 없었다.

여섯째, 수면을 충분히 취했다. 그는 아무리 바빠도 하루 7시간 수면은 취한다. 이렇게 수면을 취하기 때문에 창의력이 솟아나고 긍정적 마인드를 유지할 수 있었다고 말한다.

일곱째, 생각의 시간을 갖는다.

그는 1년에 두 번, 약 2주 정도는 '생각의 주간'을 만들어 그 주간에는 생각에 집중한다. 인적이 드문 호숫가 통나무집이나 호텔을 찾아가 외부와의 접촉을 일체 끊고 오로지 생각에 몰입한다. 이때 기업 임원들이 제출한 중요한 문서를 읽으면서 내일을 준비한다.

이러한 시간 관리를 어려서부터 습관화해서 오늘날까지 이어왔기에 쓸데없는 것에 시간을 낭비하지 않고 오로지 생산적이고 가치 있는 일에 시간을 사용하여 세계 최고의 부자가 되었던 것이다.

시간을 절약하기 위해 메모한다

성공한 사람들은 대부분 시간을 절약하기 위해 메모를 한다. 〈디스위크 매거진〉의 편집장인 윌리엄 니콜스는 "메모를 해두는 것은 하버드 대학에서 받은 교육만큼이나 가치 있다."고 말했다.

하고 싶은 일이 생각났을 때는 그것을 메모해 두도록 한다. 그렇게 함으로써 낮이나 밤이나 그것을 기억하려고 노력하는 꽤 많은 시간을 덜어준다. 그리고 쉬는 날을 이용하여 그러한 메모를 정리하여 계획으로 만들어내는 것이다. 이것을 곧 실행이라 부른다. 이것은 또한 시간 절약도 된다. 왜냐하면 그것은 해야 할 일들을 논리정연하게 순서를 매겨 정돈해

주기 때문이다.

만약 기혼자라면 자신 것과 함께 파트너를 위해서도 '실행
표'를 만드는 것은 훌륭한 생각이다. 이 방법은 파트너가 잊어
버릴지도 모를 일들을 모조리 기억하기 위해서 애쓰는 시간을
많이 덜어줄 것이다.

해야 할 일을 모두 노트에 적어놓고 그것을 행동으로 옮기
지 않는다면 힘만 들이고 시간만 낭비할 뿐이다. 그렇게 되지
않기 위해 가장 좋은 방법은 노트에 모두 구체적으로 행동하
는 방법까지 적는 것이다. 예를 들어서 정원 손질에 대해서 적
는다면, 막연하게 해야 할 일 '정원손질'이라고 적는 대신, '어
느 날, 어느 시간에, 정원을 손질한다.'는 식으로 쓰는 게 좋
다. 이를테면 다음과 같이 적어두면 효과적으로 일을 계획한
것이 될 것이다.

"내일 꽃집에 거름 흙 두 포대 주문, 헛간에서 비료 한 포대
를 꺼내다가 맨 앞줄 화단에 뿌린다. 물뿌리개로 물을 준다."

성공한 사람들이 자주 사용하는 메모에는 다음과 같은 종류
가 있다.

첫째, 비망록이다.

광고업계에서 성공한 제롬 헤머는 비망록을 작성하는 일은 일을 하는 데 있어서 절대적으로 필요한 것이라고 생각한다. 그는 자신이 거래하는 고객들 중 상위 100명의 자료가 들어 있는 비망록을 만들어 놓고, 3~4일에 한 번씩 전화를 걸어 대화를 나눈다. 그는 그 효과에 대해서 이렇게 말했다.

"이러한 비망록에 적혀 있는 사람들과 규칙적인 전화를 통해서 얼마나 많은 불평과 어려움을 자라기 전에 미리 잘라버릴 수 있었으며, 또 얼마나 많은 주문을 받을 수 있었는지 알 수 없을 정도로 비망록의 효과가 놀라울 정도입니다."

비망록은 개인적인 교제에서도 마찬가지로 도움이 된다. 만나기로 한 사람을 잊었다던지, 참가하고 싶었던 봉사활동이라든지, 하고 싶었지만 잊어버렸던 일 들을 비망록을 통해서 한번 보는 정도로만도 생각나게 한다.

둘째, 파일 카드이다.

팬아메리칸 항공회사 창업자인 잔 트립페는 시간을 절약하는 비결로 파일 카드를 활용한다. 그는 그것을 포켓에 넣고 다니면서 비행기를 탈 때는 물론 버스를 탈 때나 심지어 엘리베이

터를 탈 때에도 항상 지니고 다니면서 활용한다.

그는 파일 카드의 장점에 대해서 이렇게 말했다.

"이 카드의 장점은 많은 것을 적는 것보다도 그룹별로 정리할 수 있다는 점에 있다. 이를테면 편지를 보내야 하는 사람들은 초록색 카드를 쓴다. 전화를 걸어야 할 사람은 녹색, 가정이나 사무실에서 만나야 할 사람은 파란색 하는 식으로 나누어져 있다. 이 카드에 몇 자 적어두는 것으로 생각난 것을 잊거나 기억에 의지하지 않아도 된다. 더 좋은 장점은 관련된 일을 일괄적으로 해결할 수 있음으로써 아까운 시간을 헛되이 낭비하지 않아도 되는 것이다."

그레이 애드버 다이징 회사의 부사장 에드먼드 리처는 이 카드의 또 하나의 장점은 그대로 명함철이나 주소록 속에 철해 넣을 수 있다는 점이라고 한다.

"생일이나 기념일, 또는 다른 특별한 경우의 자료를 첨부해 넣을 수 있도록 되어 있다. 크리스마스라든지 다른 행사를 준비할 때 해당되는 번호를 장부나 노트에 적을 필요도 없다. 파일 카드는 보관하는 방법도 아주 간단하다."

성공하는 사람들의
아침 시간 활용법

새벽은 아이디어 발굴의
시간으로 활용한다

21세기에는 누구나 번뜩이는 아이디어 하나로 성공할 수 있게 되었다. 따라서 기업이건 개인이건 창조적인 아이디어가 없으면 경쟁에서 도태되고 만다. 그리하여 아이디어 전쟁이라고 부를 정도로 새로운 아이디어를 얻기 위해 치열한 경쟁을 치르고 있다. 진화론자인 다윈은 이렇게 말했다.

"지금까지 지구상에 생존하는 것은 강한 자만이 생존하는 것이 아니라 변화에 적응하는 자만이 살아남는다."

지금 우리는 한 치 앞을 내다볼 수 없는 시대에 살고 있다. 변화를 예측할 수 없기 때문이다. 앞으로 변화는 더욱 가속화될 것이다. 이런 환경에서 생존하기 위해서는 변화에 적극적이고 능동적으로 대응해 나가야 한다.

21세기의 경제법칙은 약자는 도태되고 강자는 더욱 강해지는 것으로, 앞서가는 사람은 계속 앞서게 될 것이고 뒤따라오는 자는 계속 처질 수밖에 없다. 누가 변화에 맞춰 경쟁에서 이기느냐가 앞으로의 생존 여부를 결정한다.

그러면 성공하는 사람은 어떻게 하면 피 튀기는 경쟁에서 이겨 성공을 했을까? 창조적 아이디어로 변화에 대응한 것이다. 남들이 생각하지 못하는 아이디어로 먼저 달려가서 그 방면에서 우위를 점하여 성공하였던 것이다.

그런데 이들은 경쟁에서 우위를 점하는 창조적 아이디어를 새벽 시간에 얻었다. 새벽은 하루 24시간 중 가장 고요한 시간이다. 새벽에는 시끄럽게 울려대는 전화벨 소리, 자동차 경적 소리, 방문자가 찾아오는 소리 등 그 무엇으로부터도 방해받지 않는다. 그만큼 집중력 있게 사용할 수 있다.

경제전문지 〈포천〉지에 따르면, 성공한 사람들 특히 기업인들의 대부분은 하루 일과를 새벽 이른 시간에 시작하는 것으로 조사되었다. 〈포천〉지가 워드 슐츠 스타벅스 최고 경영자, 행크 폴스 골드만삭스 CEO 외 많은 미국의 기업인들의 일과를 분석한 결과 그들 대부분은 아침형의 인간이었으며, 누구보다도 아침 일찍 일어나서 움직이기 시작했다.

스타벅스의 하워드 슐츠는 새벽 5시에 일어나는 전형적인 아침형 인간으로, 그는 일어나자마자 스타벅스의 진한 커피와 함께 월드 스트리트 저널, 뉴욕 타임즈 등을 재빠르게 검색한다. 그리고 세계 스타벅스 매장 판매 동향을 체크한다.

세계적 채권투자 펀드사인 '펌코'의 CEO 빌 그로스는 새벽 4시 30분에 눈을 뜬다. 그는 블룸버그 단말기를 켜는 것으로 하루 일과를 시작한다. 그는 미국, 유럽, 일본 등의 시장 상황을 체크한 뒤 6시경 출근한다.

이들이 새벽 시간대를 선호하는 것은 새벽에 일어나면 업무의 성과를 극대화할 수 있기 때문이다. 새벽 시간은 비즈니스 아이디어가 가장 많이 떠오르는 시간이기 때문이다. 무엇보다도 아침형 인간으로 생활하면 진취적이고 긍정적인 사고로 스스로 자기 생각을 컨트롤할 수 있기 때문이다. 그리하여 성공한 사람들은 아침 시간을 헛되이 보내지 않는다. 고요한 아침 시간은 더 나은 인생을 살 수 있도록 해주는, 창조적 아이디어를 발굴할 수 있는 가장 귀한 시간이기 때문이다.

아침을 지배하여
성공적인 인생을 살았다

미국의 직장인들은 비즈니스계에서 성공하는 첫걸음으로 경력쌓기를 든다. 경력은 어느 직장에서나 중요하게 보고 있기 때문이다. 그런데 경력을 쌓는 가장 좋은 방법을 가리키는 말로 "경력은 아침에 빛난다."라는 금언이 있다. 아침을 잘 활용할 줄 아는 사람이 경력도 제대로 쌓고 성공한다는 말이다.

이 금언처럼 미국에서 성공한 사람은 대부분 아침에 일찍 일어나서 아침을 지배하는 사람들이다. 마이크로 소프트 창업자 빌 게이츠가 그렇다. 그는 매일 새벽 3시에 일어나 두세 시간 동안 독서를 하는 것으로 유명하다.

또 제 35대 미국 대통령 존 F. 케네디는 아침 식사 전에 여러

개의 신문을 읽었으며, 아침 식사를 하면서도 신문이나 보고된 자료를 읽고 지시를 내렸다.

40대 젊은 나이에 미국 대형금융기관인 시티코르 회장 존 리드도 아침 일찍 일어나서 활동하기로 유명한 사람이다. 존 리드가 일본을 방문했을 때의 일이다. 한 은행장은 파티장에서 그와 만나기로 약속한 사실을 공개하면서 이런 일화를 소개했다.

"모레, 오전 6시면 어떻습니까?"

누구보다도 일찍 일어나서 움직인다고 자부하고 있던 이 은행장은 존 리드로부터 "오전 6시 15분에 조찬회의를 하는 것이 어떻습니까?"라는 말을 듣고는 놀라서 입을 다물지 못했다고 한다. 그런데 더 놀라운 것은 존 리드는 6시부터 15분 간격으로 빽빽하게 스케줄을 잡고 있었던 것이다.

일본의 경제단체 연합회 회장을 역임한 도코 도시오는 기업을 운영할 때, 날마다 아침 7시 15분에 출근하여 일반 사원들의 몇 배를 더 일했다고 한다.

또 일본 후나이 종합연구소의 소장 후나이 유키오는 아침 6시에 일어나 9시에 출근하기 전까지 독서와 집필 등의 개인적인 일로 시간을 보낸다.

동서양을 막론하고 비즈니스계의 리더 들은 일찍 일어나는 습관은 물론이고, 모든 일에 긍정적인 사상을 바탕으로 해서 모든 일에 적극적으로 도전했다. 이들은 모두 아침을 지배하여 아침의 신선한 공기를 마심으로써 그러한 습관을 낳는 토양을 만들었던 것이다.

"하늘은 일찍 일어나는 사람을 돕는다."는 말은 유럽에서 전해지는 격언이다. "아침 시간은 황금을 준다." 러시아의 격언이다. 발트지역에서는 "일찍 일어나는 새는 부리를 헹구고, 늦게 일어나는 새는 눈만 비빈다."는 격언이 있다. 이 말은 모두 일찍 일어나 아침을 여유 있게 사용할 때 아침을 지배하게 되고, 그런 사람이 성공적인 삶을 살 수 있다는 것을 가리키고 있다.

잠에서 깨면
즉시 일어난다

대부분의 사람들은 아침에 눈을 뜨고서도 그 즉시 일어나지 않고 침대에서 꾸물거리거나 누워서 이것저것 생각하다가 빠르면 10분 늦으면 30분 정도 늦게 일어난다. 침대에서 뒤척이다가 시계를 보고서 서둔다. 그런데 그때는 이미 늦었다. 늦지 않으려고 아무리 애를 써도 늦기 마련이다. 뿐만 아니라 그 뒤의 일도 모두 잘 되지 않는다.

반면에 성공한 사람들은 아침에 눈을 뜨자마자 이불을 걷어차고 벌떡 일어난다.

미국의 인기 방송인 고트프리는 이렇게 말했다.

"나는 오래전에 적어도 하루 20분 내지 50분을 절약하는 방법을 터득했습니다. 그것은 아침에 잠에서 깨면 그 즉시 벌떡 일어나는 것입니다. 이런 습관을 몸에 익히는 것이 여유 있는 시간을 갖기 위한 첫 번째 방법입니다."

아침에 눈을 떴을 때 지체하지 않고 벌떡 일어나기 위한 방법으로 사람마다 다르다. 버나드 잠벨은 그 방법에 대해서 이렇게 말했다.

"나는 눈을 뜨면 맨 먼저 잠자리에서 그 날 해야 할 일 가운데 가장 즐겁고 유쾌한 일을 생각해 봅니다. 만약 싫은 일이 맨 먼저 떠올라 자리에서 일어나고 싶지 않을 때 이 방법을 써 보면 금방 일어나고 싶은 의욕과 에너지가 생깁니다."

사교계의 스타이자 작가이기도 한 엘리자 맥스웰은 이렇게 말했다.

"나는 아침에 눈을 떴을 때 절대로 꾸물대지 않습니다. 전날 밤 아무리 늦게 잠이 들었더라도 아침에는 어린아이가 크리스마스를 애타게 기다리듯, 생일맞이하듯 기운차게 일어납니다. 누구나 이 방법을 쓰면 나중에 당황하여 허둥대거나 시간을 낭비하는 일은 절대로 없습니다."

에머슨 텔레비전 회사 사장 벤 에이브 햄은 아침에 기분 좋게 일어나기 위해서 자명종 시계 대신에 그 시간에 음악이 나오도록 라디오를 조정해 놓고 자신이 좋아하는 음악에 맞추어 일어난다고 한다.

또한 아침에 일어나는 시간에 뉴스가 나오도록 라디오를 조정해 놓고 잠자리에 드는 사람도 있다. 아침에 눈을 뜨자마자 그 날의 뉴스를 듣고, 일기예보까지 듣고 어떤 옷을 입을까 망설일 필요가 없도록 한다고 한다.

위에 열거한 사람들뿐만 아니라 성공한 사람들은 대부분 아침에 눈을 뜨자마자 꾸물대지 않고 번개처럼 벌떡 일어나 활기차게 움직이기 시작한다. 침대에 누워서 꾸물대지 않고 벌떡 일어나 활기차게 하루를 시작하는 방법은 사람마다 다르지만, 성공한 사람들은 대부분 아침 시간을 힘차게 시작한다. 그들이 아침에 눈을 뜨자마자 꾸물거리지 않고 활기차게 움직이는 것은 아침의 시작이 하루 일과를 좌우하기 때문이다. 아침에 눈을 떴을 때의 몇 분이 그 날 하루를 좌우하기 때문이다.

아침에는 일정을
파악하는 시간을 갖는다

성공하는 사람들은 아침에 눈을 뜨면 제일 먼저 캘린더로 그 날 또는 이번 주에 해야 하는 일을 확인한다. 오늘 해야 할 일을 그 시간에 모두 파악해 두면 나중에는 별다른 고민 없이 순서대로 처리하면 되기 때문이다. 그 뒤로 해야 할 일이 생기면 캘린더에 바로 입력한다.

그날 할 일을 생각할 때는 출퇴근 때의 틈새 시간까지도 고려해서 '무슨 책 읽기' '무슨 음악 듣기' 등도 일과에 넣는다. 그들은 출퇴근하는 시간에 차 안에서 많은 일정을 소화한다. 스케줄이나 시간표를 통해서 하루 일정을 확인하고 미팅이나 회의가 있을 경우에는 미팅이나 회의에 필요한 정보를 얻고 필요한 일들을 미리 준비한다.

그런데 실제로 하루가 시작되면 예정에 없던 일이 하나둘 생겨난다. 그러면 5분 안에 할 수 있는 일이라면 그 자리에서 처리하게 되므로 크게 생각할 필요가 없지만, 그 즉시 처리가 어려운 상황이라면 '몇분이면 할 수 있는 일' 항목에 넣는다. 자신의 시간을 파악할 수 있게 되면 어떤 시간을 비워놓아야 용건을 제대로 처리할 수 있는지 시간을 계산할 수 있게 된다. 그러므로 성공한 사람들은 중요한 일은 캘린더 일정에 입력해 놓는 것을 습관화한다.

하루의 일정을 파악하고 계획을 세울 경우 하루를 지배하고 하루를 마친 셈이 된다. 가령 평소보다 딱 15분 일찍 일어나 하루를 계획할 경우 하루를 지배할 준비를 마친 셈이 된다. 그러므로 성공한 사람들은 아침 일찍 일어나서 하루를 어떻게 보낼 것이며, 무엇을 할 것인가에 대해서 계획을 세우는 것이다.

늦게 일어난 사람이 1분이라도 더 이불 속에서 버티려고 꿈지럭거리다가 허둥지둥 나갈 준비를 하는 동안, 성공한 사람은 하루 일정을 정확히 파악하고 기록한다. 또 필요한 일과 불필요한 일을 미리 분류하고, 약속시간 및 필요한 준비 사항까지 확인한다. 하루를 시작하기 전에 이렇게 일정표를 업데

이트하면 하루 일정을 순서대로 소화하는 데 무리가 따르지 않기 때문이다.

단지 계획적으로 우선순위를 정하고 일정을 짜서 메모하는 것이 전부다. 성공하는 사람들은 아침에는 우선적으로 하루 시간을 어떻게 활용할지 하루의 일정을 파악하고 계획하는 등 중요한 전략을 세운다.

아침에는 완벽한
고요를 만끽한다

이른 아침은 하루 중 유일하게 자신에게 온전히 집중할 수 있는 시간이다. 특히 가족이 아무도 깨지 않은 새벽은 더욱 그렇다. 성공한 사람들은 반복적인 일상에 쫓기느라 쉽게 놓치고 마는 그 황금시간의 즐거움을 만끽한다.

독서, 명상, 기도, 요가 등 조용한 활동이면 무엇이든지 상관없으니 그 시간을 그런 활동으로 최대한 활용한다. 촛불을 켜거나 조용한 음악을 틀어도 좋고, 아니면 침묵 속에 가만히 앉아 있어도 좋다. 성공한 사람들 중에 과거에는 어수선한 유형의 사람들이 있었으나 지난 몇 년 동안 생각을 정리하고 스트레스를 낮추고 내면의 평화를 유지하기 위해 조용한 시간이 필요하다는 것을 깨달은 사람들이 많다. 그러므로 아침에 고요한 시간을 만든다.

만약 혈액형이 A형이어서 생산성에 광적으로 집착하는 사람으로, 포부가 클지라도 아침 시간의 여유를 천천히 만끽하면서 인생을 즐길 줄도 알아야 한다.

'생산적'이란 할 일을 완수한다는 의미지만, 아침에 일찍 일어난다는 것은 기회의 문을 연다는 의미이기도 하다. 기회의 문이 열렸을 때는 말 그대로 무엇이든지 할 수 있다. 예전에는 누리지 못했던 여유로운 시간이 생기면서 선택의 폭이 굉장히 넓어졌기 때문이다.

그 시간을 최대한 활용할 수도 낭비할 수도 있다. 그 열쇠는 시간을 어떻게 활용할 것인지 미리 결정하는 데에 있다. 아침에 더 많은 일을 해내는 사람들은 위대한 포부를 이루기 위해 확고한 계획을 갖고 아침 일찍 눈을 뜬다.

간절한 열망을 성취하고자 아침에 시간을 따로 마련했을 때 위대한 포부를 향해 성큼 나아갈 수 있다. 예를 들어서 마라톤을 연습하고, 책을 집필하고, 사업을 시작하고, 대학원에 진학하고, 그밖에 가치 있는 일을 할 시간이 생긴다. 하루에 딱 한 시간이라도 주 5일이면 새워 놓은 목표를 향해 의미 있는 진척을 이루기에 충분하다.

크게 성공한 사람들은 모두 아침형 인간이다. 전 스타벅스의 최고경영자 하워드 슐츠, 버진 그룹을 창업한 리처드 브랜슨, 애플의 최고경영자 팀 쿡은 모두 아침형 인간들이다.

브랜슨과 윈터는 아침 5시 45분에 일어나고, 슐츠와 쿡은 4시 30분에 하루를 시작한다. 벤저민 프랭클린, 토머스 제퍼슨, 마거릿 대처, 버락 오바마, 조지 부시, 프랭크 로이드 라이트, 찰스 다윈 같은 유명인사도 마찬가지다. 계획과 성공이 관계있으며, 이른 아침에 기상과 대단한 성공이 또한 상관이 있듯이, 아침에 계획을 세우는 것과 세상을 바꾸는 힘, 이 두 가지 사이에는 분명한 상관관계가 있다. 다시 말해서 놀라운 성공을 거둔 사람은 모두 아침 일찍 일어나서 계획을 세우고 하루를 활기차게 시작한 사람들이다.

가장 중요한 일부터 한다

대부분의 사람들은 아침에 일찍 일어났지만, 아침의 귀한 시간을 쓸데없는 일이나 잡무로 시간을 보낸다. 그러나 성공한 사람들은 아침에 가장 중요하다고 생각되는 일부터 한다.

성공한 사람들이 아침에 중요한 일을 하는 이유는 아침에는 정신력이 명료해지고 판단력이 좋고, 활기를 주기 때문이다. 활기란 건강에서 뿜어져 나오는 자연적인 부산물로 대단한 능력이 있다.

아침에 활기차게 살 수 있다면 하루를 무기력하게 지쳐 있을 이유가 없다. 나가서 달릴 수 있다면 왜 소파에 누워 있겠는가? 활기가 넘친다면 일부러 망설일 필요가 없는 것이다.

잠에서 깨어났을 그 시간에 잠에서 깨어 있는 사람이 당신뿐이라면 이것은 당신 앞에 기회가 펼쳐져 있는 것과 마찬가지다. 새벽에 누리는 가장 큰 혜택은 바로 소음과 방해가 없어서 목표를 향해 나가는 길을 가로막는 장애가 전혀 없다는 것이다. 스스로 소음을 만들지 않는다면 말이다.

많은 사람들은 TV를 보면서 하루를 시작한다. 아침에 눈을 뜨자마자 아침 토크쇼, 만화를 틀어놓거나 어제 저녁에 잠자느라 시청하지 못한 프로를 재방송으로 본다.

집중해서 무엇을 하겠다고 결심했다면 TV처럼 집중을 방해하는 대상을 없애야 한다. 불필요한 방해물을 없애겠다는 결심이 확실할 경우 집중이 주는 혜택을 누릴 수 있다. 집중이란 가장 중요한 한 가지를 제외한 나머지를 정리하는 것을 말한다. 집중해서 아침 일과를 실행하고 거기서 얻는 단순함을 받아들인다면 집중이 주는 혜택을 지속적으로 누릴 수 있다.

정말로 중요한 일을 밤늦게 해본 경험은 누구나 한두 번 있을 것이다. 그 때 아마도 흐려진 정신을 다잡느라 씨름했을 것이다. 뇌가 지치면 명료하게 생각하는 일은 더욱 어려워지고 종종 고통스럽기까지 하다.

오랜 시도와 시련 끝에 두뇌가 가장 명료해지는 시간은 오후가 아니라 오전이라는 것을 깨닫게 된다. 이런 사실은 많은 사람들이 동의한다. 켈리 맥고니걸은 그의 저서 〈나는 왜 항상 결심만 할까?〉에서 의지력은 무한한 잠재력을 가지고 있는데, 우리가 무한한 잠재력이 있는 의지력을 기르기 위해서는 다음과 같은 방법이 효과적이라고 말했다.

"하루가 끝날 무렵이면 비축해둔 자제력과 충만하던 업무 욕구도 서서히 사라진다. 아주 간단한 일조차 애써 노력하지 않으면 제대로 해내지 못한다. 타고난 두뇌 회전을 잘 활용하고 싶다면 이른 아침에 집중해보라. 이른 아침이 꼭 적당한 시간이라고 할 수는 없지만 글을 쓰려고 저녁에 맥주 한잔 마실 시간까지는 기다리지 말라."

성공한 사람들 중에 아침에 집중이 필요하면서 중요한 프로젝트나 급히 끝내야 할 프로젝트가 없다면 아침 5시에 일어나 운동코스를 달린 뒤 기구를 이용해 실내 운동을 하는 사람들이 많다.

아침은 자신을 관리하기에 가장 이상적인 시간이다. 그런데 많은 사람들이 아침에 건강관리를 위해서 매우 짧은 시간을 투자한다. 그러나 성공한 사람들은 자신의 건강을 위해서 아침에 많은 시간을 투자한다. 건강이 무엇보다도 중요하고 건강을 잃으면 모든 것을 잃기 때문이다.

아침에 일찍 일어난다고 몸무게가 마법처럼 줄어들지는 않지만 아침에 일어나서 운동을 하고 건강한 식단으로 식사를 하면 몸무게가 줄어드는 경향이 있고, 몸무게가 줄어들면 자신감이 높아진다.

아침에 일찍 일어나면서 생긴 생산성은 하루 종일 지속되는 잔류효과가 있다. 아침을 계획적으로 시작할 경우, 하루를 계획적으로 마무리할 수 있다. 간혹 늦잠을 자는 경우 일찍 일어나는 날에 비해 하루를 생산적으로 보내지 못할 것이다.

계획적으로 일찍 일어나면 계획에 따라 하루를 보낸다. 반면에 계획 없이 하루를 즉흥적으로 보낼 경우 예상대로 기대 이하의 결과를 낳는다. 성공한 사람들은 업무를 완수하며 하루를 보내기 위해 계획적이고 생산적으로 아침을 시작하고 마찬가지로 하루를 마무리한다.

침대에서도 일한다

성공한 사람들 중에 아침에 눈을 떴을 때 그대로 잠자리에 있고 싶으면, 잠자리에서 할 수 있는 일을 찾아서 한다. 그들은 잠자리니까 일을 할 수 없다는 말을 하지 않는다. 미국에서 '가장 특별한 부인'으로 알려진 토베 카러 데이비스 부인은 미국의 수많은 백화점과 패션공장에 다니며 사업에 대한 컨설팅으로 하루 3,000달러나 벌고 있다. 그녀는 다른 사람이 이틀이나 걸리는 일을 하루에 해치우는 그녀 나름대로 독특한 방법으로 성과를 내고 있다. 그녀는 오전 6시에 잠을 깨워주는 자동식 커피포트를 침대 옆에 놓아두고 잔다. 6시에 눈을 뜨면 잠자리에서 움직이지 않고 그대로 누워 있다. 바로 머리맡에는 서류뭉치와 보고서, 만년필이 놓여 있다.

　그녀는 잠자리에서 그대로 일을 한다. 보고서 결재를 하고, 편지를 쓰고, 하루 일과를 시작한다. 그녀는 이렇게 가족들의 일로 번거롭거나 도중에 방해받지 않고 두 시간 동안 일을 한다. 그러면 그 시간에 사무실에서 5시간 일을 한 만큼 한다. 그 시간에 그녀는 〈뉴욕 헤럴드 트리뷴〉에 실릴 기사를 쓰고, 시대에 뒤떨어지지 않도록 필요한 독서도 하며 새로운 아이디어도 고안하는 등 중요한 일들을 처리한다. 그녀는 이른 아침부터 일하지 않고 9시 이후부터 사무실에서 일하는 사람들보다 더 많은 일을 효과적으로 하며, 자신이 계획한 일을 차질 없이 수행한다.

　잠자리에서 일하는 사람으로 유명한 사람은 영국의 전 수상 처칠이다. 처칠은 아침 7시와 8시에 일어난다. 침대 속에서 베개에 기대어 앉은 채 산더미같이 쌓인 신문을 읽는다. 중앙지는 물론 지방지와 공산당의 기관지 〈데일리 워커〉까지 포함하여 모두 읽는다. 9시부터 12시까지는 침대에 누워서 여러 가지 지시를 한다. 그의 측근 한 사람이 이렇게 말했다.

　"수상께서는 '앉아서도 할 수 있는 일을 서서 하는 것은 어리석은 일이며, 누워 있어도 괜찮은데 굳이 일어나 앉아 있으려고 하는 것은 이해할 수 없는 일이다.'라고 말씀하였습니다."

그는 미국합중국 대사 윈스콥 알드리치 같은 고위직에 있는 분들이 방문했을 때에도 침대에 누워서 그들을 맞이했던 것이다. 처칠은 그의 명저 〈제2차 대전 회고록〉 마지막 권은 전부 누워서 집필했다고 한다.

중요한 선택과
결정을 아침에 한다

인생은 수많은 선택과 결정으로 이루어졌다. 따라서 올바른 선택과 결정을 한 사람은 성공했고, 그렇지 못한 사람은 실패자라는 멍에를 안게 된다. 성공하는 사람들은 항상 올바른 선택과 결정을 하려고 노력한다. 지금 내리는 선택과 결정이 현재뿐만 아니라 5년 후 혹은 10년 후의 미래를 결정하기 때문이다.

그런데 성공한 사람들은 주로 낮에 중요한 일을 선택하고 결정을 내린다. 반면에 실패한 사람이나 잘못된 결정을 내리는 사람들은 낮이 아닌 밤에 고민한 후 선택하고 결정한다. 낮은 이성적인데 비해 밤은 감상적이다. 따라서 중요한 선택은 낮에 내려야 한다. 그래야 이성적으로 판단할 수 있고, 올바른 선택과 결정을 내릴 수 있기 때문이다.

그러면 밤과 낮이 대조되는 이유는 무엇일까? 그것은 인체에서 나오는 호르몬과 상당한 영향이 있다. 수많은 호르몬 중에서 몇 가지 호르몬의 분비가 일주일의 주기를 뜻하는, 서캐디안 리듬(circadian rhythm)에 따라 분비된다. 밤과 낮의 변화에 따라 밤과 낮의 심리상태나 신체 상태가 달라진다. 밤에는 활동적인 호르몬이 적게 분비되기 때문에 감상적이고 차분해지는 것이다. 이것을 입증하는 예로 고등학교 시절 옆집에 살거나 주위에서 자주 만나는 여학생에게 밤새 연애편지를 썼다가 아침에 일어나서 보니 쑥스러워서 밤에 썼던 편지를 찢어버린 경험이 있을 것이다. 밤에는 감성적이 돼서 편지를 썼으나 아침에 이성적이 되면서 생각의 차이가 나타나 밤과 다른 행동을 하게 되는 것이다.

오늘날 직장이나 사회생활을 하면서 낮에는 자유로운 생활이 힘들 것이다. 바쁜 스케줄 때문에 여유롭고 조용하게 무엇을 생각할 기회가 없을 것이다. 따라서 중요한 결정을 할 때는 아침에 하는 것이 좋다. 성공한 사람들은 대부분 아침 조용한 시간에 기업이나 자신과 관계가 있는 중요한 선택이나 결정을 한다.

새벽시간은 너무 고요하다. 무엇보다도 새벽시간은 만물이 깨어나는 시간이므로 인체도 서서히 잠에서 깨어난다. 때문에 가장 집중력이 강하고 이성적 판단이 높은 시간이다.

CEO나 자신의 분야에서 확고한 지위를 다진 사람들, 즉 성공한 사람들 대부분은 중요한 문제를 앞두고 만물이 잠들고 있는 고요한 새벽에 일어나 어느 누구로부터 방해를 받지 않고 혼자서 깊은 생각을 하다가 결단을 내린다.

자신은 아침형 인간이 아니어서 잠자리에 들기 전 중요한 선택이나 결정을 했다는 사람들 대부분이 두고두고 후회한다. 어쩌면 이 일로 인해서 성공의 길로 가는 중요한 선택과 결정을 잘못하여 평생 후회하게 되었는지도 모른다.

사람은 사회생활을 하면서 하루에도 몇 번씩 작고 사소한 선택과 결정의 갈림길에 서게 된다. 이 때 어느 시간대에 결정과 선택을 내릴지는 자신에게 달렸다. 어쩌면 우유부단하여 어떤 결정이나 선택을 하지 못했을 수도 있다. 중요한 것은 이런 선택과 결정에 따라 우리 인생이 발전되기도 하고, 후퇴되기도 한다는 점이다.

우리는 인생이란 집을 짓는 건축가이다. 그러나 이제 인생이라는 집을 짓기 위해서 어떤 선택과 결정을 내려야 하는지 답이

나와 있다. 이제 맞는 답에 대한 실행만 남았다.

영국의 소설가이자 사상가인 아놀드 베네트는 그의 저서 〈아침의 차 한 잔에 인생이 결정된다〉에서 새벽에 일어나면 창밖부터 내다보라고 하였다. 자신보다 더 일찍 일어나서 일하는 신문배달원, 우유배달 아줌마, 운동을 하는 사람들을 창밖으로 보면 자극을 받아 정신이 명료해진다는 것이다.

아침은 직장인에게 주어진 황금 시간이다. 당신이 새벽 단잠을 자고 있을 때 누군가는 일어나서 성공의 주춧돌을 놓고 있다. 시간이 흐를수록 당신과 그 사람의 갭은 점차 멀어질 것이다. 그리하여 마침내 성공과 실패라는 커다란 갭을 만나게 되는 것이다.

아침 10분을
효과적으로 사용한다

대부분의 직장인들은 더 이상 여유가 없는 시간이 될 때까지 늦잠을 자다가 일어나서 신문을 읽으면서 아침식사를 대충 한다. 그리고는 부인과 아이들에게 손을 흔들면서 허둥지둥 집을 나선다. 이렇게 되면 마음은 어수선해지고 서둘러서 출발하느라 마음을 새롭게 다질 겨를도 없이 하루 일과를 시작하다 보니 왠지 모르게 마음이 무거워지고 초조하기까지 하다.

그러나 성공하는 사람들 중에 어떤 사람은 아침에 좀더 일찍 일어나서 아침 식사를 한 다음 다른 것은 못해도 정원을 거닐면서 사계절 변화하는 정원의 모습을 바라보면서 마음을 가다듬는다. 조그마한 가위를 들고 마른 가지를 잘라내고 잡초를 뽑

아내면서 사소한 즐거움과 함께 하루를 새로 시작하고자 하는 신선한 충격을 느낀다. 그리고 이번 주말에는 무엇을 할까 하는 계획마저 세우게 된다. 그는 매일 아침 겨우 10분밖에 안 되는 시간에 자연의 신비와 기쁨을 맛보고 새로운 각오를 다진다. 그렇게 하여 직장에 나가면 적은 시간에도 보다 많은 일을 할 수 있게 된다.

성공하는 사람들은 밝고 새로운 마음을 갖기 위해서 일부러 시골에 갈 필요 없이 새나 열대어에 취미를 갖고 10분 동안이라도 그것을 돌보거나 창문 밑에 만들어 놓은 조그마한 꽃밭에서 작지만 마음에 큰 힘이 되는 위안을 느낀다.

또는 위인전을 읽으면서 위인들의 삶을 접하면서 하루를 시작하는 사람도 있다. 이렇게 보내는 10분은 전원생활 하는 것과 마찬가지로 기분을 새롭게 하는 데 도움이 된다.

마음을 새롭게 하기 위하여 클래식 음악을 듣는 사람도 있으며, 천천히 거닐면서 지나가는 거리의 모습을 보거나 도시의 광경에 마음을 멈추어 생각에 잠겨 본다. 어떤 사람은 자연의 아름다움에 경탄하면서, 또 어떤 사람은 쇼윈도에 눈을 멈추거나 하늘을 쳐다보면서 마음을 가다듬고 새로운 마음으로 하루를 시작한다.

이처럼 기분 전환을 위해 아침 시간을 쪼개어 쓴다는 것이 불가능한 것처럼 생각될지 모르나 성공한 사람들은 남들이 불가능하다는 것을 가능으로 바꾼다. 하루의 시작에서 이러한 10분간은 시야를 넓혀 주고 생각을 정리하는 데에 많은 도움이 된다. 그러기에 성공하는 사람들은 불가능한 일처럼 보이는 일을 해내는 것이다.

아침에 늦잠을 자다가
패망한 사람들

역사적인 인물 중에 아침 일찍 일어나지 못해 패망한 사람이 있다. 그 중에 대표적인 사람으로 독일의 히틀러를 들 수 있다.

제2차 대전 당시 독일이 치명적인 타격을 당한 것은 연합군의 노르망디 상륙작전이었다. 독일이 이 싸움에서 패함으로써 결정적인 타격을 입고 패망의 길로 들어섰던 것이다.

독일이 이 전투에서 패하게 된 결정적인 원인은 히틀러의 늦잠이었다. 그는 늦잠을 자다가 이 소식을 늦게 접하게 되고 때를 놓치자 회복할 수 없는 패망의 길로 들어섰던 것이다.

노르망디 상륙작전이 시작된 날 아침 5시 반경 '연합군의 상륙작전이 개시되었다.'는 정보가 독일 최고 통수부에 전해졌다.

그런데 이때 히틀러는 한밤중으로 침대에서 일어날 줄 모르고 곤히 잠을 자고 있었다. 그 소식이 히틀러에게 전달된 것은 연합군이 이미 상륙한 10시경이었다. 아침 5시 반경 연합군이 노르망디 상륙작전이 개시되었다는 정보를 입수한 히틀러 참모들은 곤히 잠들어 있는 히틀러를 깨워 이런 비극적 소식을 전하기 힘들었던 것이다. 당시 히틀러는 컨디션이 좋지 않아 매일 아침 일어날 때는 얼굴을 찡그리고 있었으며, 사소한 일에도 부하들에게 호통을 치며 불호령을 내리는 일이 많았다. 히틀러의 참모들은 좋은 소식도 아닌데 나쁜 소식을 전하여 불호령이 떨어질까 두려워서 위급한 상황에서도 히틀러를 깨우지 못했고 그가 깨어나기를 기다리면서 망설이고 어영부영하다가 그만 중요한 골든타임을 놓치고 말았던 것이다.

때를 놓친 히틀러는 회복을 위해서 안간힘을 썼으나 결국 이듬해 4월 30일 자살로 막을 내렸고, 독일은 5월 7일 무조건 항복하고 말았다.

아침 늦잠을 즐기는 히틀러는 늦잠을 자다가 그만 자신은 물론 나라의 운명을 좌우하는 정보를 제때에 받아보지 못한 탓에 제대로 대응하지 못했고, 그로 인해서 그만 패망하고 만 것이다. 만일 그 때 히틀러가 아침 늦잠을 자지 않고 그 정보를 제때에 입수하여 제대로 대응했다면 역사가 달라졌을 것이다. 독일의 패전 원인으로, 미국의 참전 등 여러 가지가 있겠으나 히틀러의 늦잠으로 인하여 연합군의 노르망디 상륙작전을 제대로 대응하지 못한 것도 중요한 원인 중의 하나이다. 아침의 늦잠이 역사를 이토록 변화시킬 줄은 어느 누구도 예상하지 못한 결과이다.

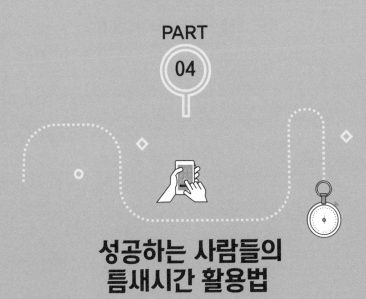

PART

04

성공하는 사람들의
틈새시간 활용법

회의시간은 잡무를
처리하는 좋은 시간이다

틈새 시간은 주로 책상에 앉아 있을 때 생긴다. 그 중 활용하기 좋은 시간이 회의 시간이다. 대부분의 직원들, 간부들도 마찬가지로 회의가 시작되기를 기다리는 사이 멍하니 기다리고 있다. 그러나 성공한 사람들은 이 시간을 잡무를 처리하는 절호의 기회로 삼는다. 메일을 확인하고 답장을 보내거나 자료를 검색하는 등 할 수 있는 일을 한다. 그들은 잡무를 이 시간에 모두 끝낸다고 할 수 있다.

회의 중에 아무것도 하지 않고 듣고만 있는 사람이 많은데, 성공한 사람들은 노트북을 가지고 다니면서 이 시간에도 일을 한다.

물론 자신이 회의를 이끌어가야 할 경우에는 회의에 집중하지만 보통 회의는 같은 이야기를 반복하며 회의 자료만 들여다봐야 하는 경우도 많다. 이럴 경우에는 회의 자료를 받자마자 재빨리 훑어보고, 내용을 파악한 다음, 그 후 자신만의 시간으로 활용하며 주로 잡무 등 사소한 업무를 처리한다.

아무 생각 없이 회의에 앉아 있기만 하는 사람일수록 회의가 많아 빼앗기는 시간이 많다고 불평을 한다. 성공하는 사람들은 몸은 회의장에 앉아 있더라도 머리는 쓸 수 있으므로 그 시간을 잘 활용한다. 틈새시간을 활용할 줄 아는 사람에게는 회의도 할 만하다.

성공하는 사람들은 미팅 중에도 회의 때와 마찬가지로 틈새시간을 찾아 활용한다. 상대가 잠깐 화장을 하거나 화장실에 갔을 때를 이용한다.

요즈음은 노트북이나 태블릿 PC를 사용하는 미팅이 흔해졌고, 회의 때 노트북을 이용해 데이터를 참고하는 경우가 많아졌다. 아무리 힘든 회의라도 중간에 잠깐 비는 시간이 있다. 그 시간에 가지고 간 노트북이나 태블릿 PC를 이용하여 메일을 확인하고 가능하다면 그 시간에 답장을 보낸다.

성공하는 사람들은 미팅 때 상대방에게 불쾌감을 주지 않도록 최소한의 예의를 지키면서 다른 사람과 만나는 시간도 적극적으로 자기 시간으로 활용하도록 한다.

통근시간은 공부나 업무에
유용하게 활용한다

출퇴근 시간은 틈새시간치고는 꽤 긴 시간임에도 불구하고 잘 활용하는 사람들이 많지 않다.

성공하는 사람들은 이동할 때 택시를 많이 이용한다. 이것은 돈이 남아서가 아니라 이동시간을 유용하게 활용하기 위함이다. 이동시간은 그만큼 길고 유용하게 쓸 수 있기 때문이다.

걷는 시간에는 오디오나 핸드폰을 이용하여 무언가 들으면서 공부한다. 오늘날 오디오시스템이 많이 발전하여 길을 걸으면서 들을 수 있는 오디오 장비가 많이 발달하였다. 마음만 있으면 걸으면서 얼마든지 공부할 수 있다.

지하철 안에서 게임을 하거나 멍하니 앉아 있는 사람들이 많다. 그렇게 시간을 보내기에는 너무 아깝다. 출퇴근 시간이 두 시간이 소요된다면 하루에 두 시간을 낭비하고 있는 것이다.

성공하는 사람들은 이 통근시간에 메일이라도 확인한다. 출퇴근 시간에 메일을 확인하면 시간을 가장 효율적으로 보내는 것이 된다. 출근 시간에 메일을 확인하고 출근하게 되면 회사에 도착하기 전에 메일 업무가 종료되고, 그만큼 본연의 업무에 빨리 착수할 수 있게 된다.

또 회의와 회의 시간 사이에 빈 시간에도 인터넷을 통해 자료를 검색하거나 회의 자료 초안을 작성하는 등 간단한 업무를 처리할 수 있다.

아침저녁 출퇴근하는 지하철 안에서 젊은이들은 게임에 몰두하고 있고, 여자들은 휴대폰을 이용하여 드라마를 본다. 그시간에 책을 읽거나 음악을 듣거나 간단한 업무를 처리한다면 업무 효율이 높아질 것이다. 그런 시간을 아껴 남달리 노력한다면 능력에 차이가 생기는 것은 당연하다. 그리고 그 차이가 연봉의 차이로 나타날 것이다.

최근에 페이스북이나 카카오 등이 인간관계를 연결하는 중심이 되어 하루 종일 확인하는 사람이 많은데 이런 SNS 활동 등은 기본적으로 모두 틈새시간에 활용하기 좋은 것들이다.

점심시간을
업무조정에 사용한다

직장인들의 점심시간의 모습을 상상해보자. 12시 또는 12시 반이 되면 삼삼오오로 모여 회사 식당이나 주변 식당으로 간다. 점심을 마치고는 주위에 있는 카페에 들러 커피나 차를 마시면서 잡담하면서 남은 시간을 보낸다. 점심시간이 끝날 무렵 어슬 렁거리면서 사무실로 들어와 오후 일과를 시작한다. 그러나 성공한 사람들은 그런 보통 사람들의 점심시간 이용 패턴과는 달리 점심시간을 유용하게 사용하고 있다.

업무를 하다가 보면 오늘 안에 해야 할 일은 시간표에 따라 오늘 끝내는 것이 좋지만, 아무리 노력해도 정해진 시간 안에 끝내지 못하는 일도 있다. 그럴 때에 성공하는 사람들은 틈새시간을 활용한다. 틈새시간을 활용했는데도 일을 끝내지 못할 경우에 그들은 낙담하지 않는다. 남은 시간 즉 점심시간이 있기 때문이다. 점심시간에 식사를 하고 남은 휴식시간이 있다. 보통 사람들은 그 시간에 커피를 마시거나 잡담을 한다. 그러나 성공하는 사람들은 그 시간에 남은 일을 정리한다. 보통 사람들은 "점심시간에도 일을 하다니……." 하고 생각하는 사람이 있다. 그런 사람은 일에 대한 인식이 부족해서 그런 생각을 한다. 즉 그들은 끝내지 못한 일은 내일로 미룰망정 점심시간이나 휴식시간은 꼭 지키겠다는 것이다.

업무시간에 불필요한 일들로 시간을 낭비하면서 휴식시간은 칼같이 지키려는 사람들이 많다. 그러나 만약 오늘 해야 할 일을 처리하지 못했다면 쉬는 시간에라도 마치도록 노력해야 한다. 이러한 생각을 몸에 익히지 않는 한 성공하는 사람이 될 수 없다. 물론 자기주변 정리나 시간 정리를 잘 하는 사람이라면 굳이 쉬는 시간을 반납할 필요는 없다.

성공하는 사람들은 '워크 라이프 밸런스'라고 하여 일할 때와 쉴 때를 분명히 구분해야 한다는 생각을 주로 하고 있지만, 해야 할 일을 다 하지 못했으면서도 휴식을 논하지는 않는다. 나중에 부담감을 느끼지 않도록 그 자리에서 모두 끝내는 것이 중요하기 때문이다.

　나중에 한꺼번에 해야겠다고 생각하면 마음만 무거워지고 자신의 시간도 자유롭게 활용할 수 없다. 틈새 시간에 할 일을 마치면 그만큼 자유시간이 늘어 즐거워진다.

성공하는 사람은
잡무는 틈새 시간에 한다

성공하는 사람들은 잡무를 모두 틈새시간에 하는 것을 원칙으로 한다. 그리하여 책상에 앉아 일을 하는 시간에는 잡무에 대해서는 까맣게 잊는다. 중요한 일을 하는 와중에 머릿속으로 잡무를 떠올리면 실수를 하거나 좋은 아이디어를 떠올리기가 어려워지기 때문이다.

돈을 많이 벌기 위해서는 먼저 그 기초가 되는 시간이 필요하다. 아이디어가 될 자료나 수많은 정보를 바탕으로 독창적인 아이디어를 만들기까지는 시간이 걸리기 때문이다.

게다가 그런 시간에는 고도로 집중해 두근거리는 마음으로 즐기지 않으면 좋은 아이디어가 나오지 않는다. 잡무에 쫓기는 상태에서는 마음에 여유가 없으므로 그런 시간을 만들지 못한다.

"급하지만 중요하지 않은 일은 하지 않아도 좋다."

"급하지 않더라도 중요한 일은 먼저 해야 한다."

라는 말을 들어본 일이 있을 것이다. 이 말은 자기계발의 영구한 교과서적인 책 〈성공하는 사람들의 7가지 습관〉에 나오는 말로, 많은 직장인들에게 잘 알려진 말이다. 그런데 이 말을 곧이곧대로 믿어서는 안 된다. 중요하지 않더라도 급한 일은 반드시 처리해야 한다. 위에 소개한 책 외에도 자기 개발서에서는 이런 일을 하지 않아도 된다고 하지만, 실제 직장생활에서는 그런 말이 적용되기 힘들다. 단지 경영인으로서 비서를 거느리고 있는 처지라면 급한 일이지만 중요하지 않은 일은 비서에게 위임하면 된다.

그러나 일반 사람들은 그럴 수 없으므로 실제로는 중요하지 않더라도 급한 일이라면 재빨리 처리해야 한다. 문제는 그것을 얼마나 효과적으로 처리해 중요한 업무에 집중할 시간을 확보할 수 있는가 하는 것이다. 이럴 때 틈새시간을 활용하는 것이다.

성공하는 사람들은 틈새시간에 잡무를 처리하여 본연의 업무시간을 방해받지 않고 오롯이 집중할 수 있도록 한다. 눈앞에 닥친 많은 일들을 처리하기에 급급한 사람들은 먼저 중요한 일만 할 수 있는 시간만 제대로 확보해도 업무성과가 달라질 것이다.

중요한 일에 집중력을 발휘하기 위해서는 머릿속을 깨끗하게 정리해 뇌를 최대한 활용할 수 있는 환경을 만드는 것이 중요하다. 그러기 위해서는 처리해야 하는 잡무는 틈새시간에 모두 처리하여 머릿속을 깨끗이 정리하는 것이 좋다. 따라서 성공한 사람들도 잡무를 처리하지만, 틈새시간을 활용하여 그런 일을 처리하고 업무 시간에는 오로지 중요한 업무에만 집중하도록 한다.

회의시간을
단축하는 비결

　어느 조직이나 기업, 또는 클럽이나 조합에서의 모든 활동에서 우리는 집단적인 결정을 필요로 하는 문제를 해결하기 위하여 토론하는 데에 많은 시간을 소요한다. 그런데 그 시간이 시간을 낭비하거나 쓸데없이 시간을 허비하는 것으로 생각하지 않는 데에 문제가 있다. 좀더 생각하고 연구하면 얼마든지 시간을 줄이면서 효과적으로 회의를 할 수 있는데도 말이다.

　우리는 사소한 가정의 일이든, 중요한 회사의 일이든 또는 정치적인 문제이든 "이렇게 해야 한다."라는 식으로 마지막 결론을 강요하는 독재적인 방법에는 동의할 수 없다. 다수결의 법칙을 존중하는 민주주의국가에서는 모두가 집단적인 의사를 빨리 결정해야 할 때가 가끔 있다.

성공하는 사람들이 회의 시간을 절약하면서 가장 효과적인 성과를 올리는 몇 가지 아이디어를 소개한다.

첫째, 회의를 오후 늦게 소집한다.

필립 모리스 회사의 회장인 알프렛 리욘은 오후 늦게 회의를 소집함으로써 짧은 시간에 신속하게 결정할 수 있다고 다음과 같이 말했다.

"대개의 사람들은 빨리 집으로 가고 싶어합니다. 그러므로 회의 시간에 쓸데없는 이야기가 나오지 않습니다. 시간이 흘러 가면서 회의에 참석한 사람들은 점점 더 문제에 집중하게 됩니다. 그 결과는 뻔합니다. 만일 오전에 회의를 했다면 세 시간이나 걸려 씨름을 해야 될 만한 일이 보통의 경우 한 시간 내에서 결정하게 됩니다."

둘째, 회의를 일어서서 한다.

뉴욕, 오레곤 등에서 여러 개의 신문을 발행하고 있는 미디어 그룹의 회장 뉴 하우스는 그가 주재하는 회의에서는 참석하는 사람들 모두가 일어선 채 회의를 진행하도록 한다. 그것은 회의를 위해서 제대로 갖추어 놓은 사무실이 없다. 그 대신 그는 편집자나 직원들과 의논하기 위해 공장과 사무실을 돌아다니면서 회의를 한다. 그는 일어서서 회의를 하면 회의 준비도 할 필요 없고, 문제의 핵심을 정확하게 파악하여 신속하게 결정을 내리고, 가장 효과적으로 결정하게 된다는 것이다. 토의를 할 때에도 일어서서 있으면 거드름을 피우거나 쓸데없는 말을 장황하게 늘어놓는 일은 볼 수 없다고 말한다.

셋째, 회의를 점심시간에 연다.

증권회사 사장이며, 〈인베스트 컴퍼니〉출판사 사장인 아더 위센바거는 회의를 점심시간에 개최하기를 좋아한다. 점심시간에는 모두 배가 고프니까 쓸데없고 자질구레한 일을 가려내어 회의를 진행하므로 시간을 낭비하는 일이 없이 토론하게 된다. 따라서 회의가 신속하게 진행된다. 그리고 회의가 끝난 뒤 함께 식사를 하면서 즐겁게 이야기를 할 수 있다. 이 방법을 쓰게 된 뒤로 그는 전에 두 시간 걸렸을 회의 시간을 한 시간으로 끝낼 수 있었다고 한다.

또한 영화제작자인 골드윈은 모두 함께 점심을 먹으면서 회의를 하는데, 그 경우 언제나 오후 1시에서 2시 사이에 중요한 약속시간이 있다는 것을 말해두어 시간 낭비를 줄일 수 있었다고 한다. 그 결과 회의는 시작하자마자 그 즉시 본 주제의 핵심으로 들어가게 된다.

영화배우이면서 미국 전 대통령인 로널드 레이건은 식사를 하면서 회의를 하는 것을 반대하였다. 그는 그 이유로 이렇게 말했다.

"식사를 하면서 할 수 있는 회의 주제라면 어떤 일이든지 간단한 사무적인 편지라든지 간단하게 전화로 이야기할 수 있지 않을까요?"

미국 광고업계의 실력자인 랄프 메이어는 그가 주최하는 모든 회의는 최대한 1시간으로 한정하고 그 시간이 되면 벨이 울리도록 지시하였다. 그는 이렇게 말하였다.

"그 시간 내에 회의를 다 하지 못하거나, 결론을 내릴 수 없는 주제는 너무 크니까 좀더 각자 개인적으로 이야기를 나누게 한 다음 회의에서 처리하게 하는 것이 좋습니다."

성공한 사람들은 회의 시간을 줄이기 위해 다방면으로 연구하고 고민하여 쓸데없는 시간 낭비를 줄이고 있다.

넷째, 미리 철저하게 준비하여 시간을 줄인다.

성공한 사람들 중에 회의를 시작하기 전 철저하게 준비하여 회의시간을 줄여서 시간 낭비를 없애는 방법을 사용하고 있는 사람들도 있다. 그 중에 대표적인 사람으로 센더스 뷰트리뷰티 회사 부사장인 시드니 프랭크는 다음 네 단계를 거치는 철저한 준비를 한 다음 회의를 연다.

- 회의를 하기 전에 의제를 주의 깊게 검토한다.
- 문제에 대하여 그 원인을 연구한다.
- 가능한 문제의 해결책을 생각해 둔다.
- 해결의 차선책도 준비해둔다.

그는 이 원칙을 회의뿐만 아니라 전화를 할 경우에도 활용하고 있다. 그는 그렇게 하는 방법에 대해서 이렇게 말한다.

"이 방법을 통해서 우리는 모두 사소한 일에 많은 시간을 빼앗기지 않게 되었습니다. 게다가 우리는 주제들이 회의를 열 필요조차 없는, 개인적으로 이야기하여 해결할 수 있는 문제가 많은 것을 알았습니다."

다섯째, 회의의 주제를 과거사가 아닌 앞으로의 일에 대한 것으로 한다.

파커 만년필의 공장장 펠프 워커는 다음과 같이 말했다.

"회의 시간 절약법으로 회의 시간에 과거의 잘못에 대해서는 눈을 돌리지 않도록 하는 방법을 사용하고 있습니다. 회의의 주제는 다만 이제부터 앞으로의 일에 관한 것입니다."

성공하는 사람들은 회의 시간에 과거의 잘못을 논하여 시간을 낭비하지 않는다. 그리고 '우리는 이제부터 도대체 어디로 갈 것인가'하는 것을 주제로 토론하여 미래를 준비하는 자세를 취한다.

성공한 사람들의
점심시간 활용법

직장인을 위시해서 보통 사람들은 점심시간을 말 그대로 점심시간인 줄로 알고 점심을 먹고 동료들과 모여서 커피나 음료를 마시면서 수다를 떨면서 보내고 있다.

점심시간의 활용이 소모적으로 흐르는 이유는 두 가지다. 하나는 점심시간의 가치에 대한 인식이 없기 때문이고, 또 하나는 계획이 없기 때문이다. 점심시간도 중요한 하루 24시간에 속한 중요한 시간이라는 인식이 있으면 그 시간을 어떻게 하면 보람 있게 보낼까를 생각하게 된다. 점심시간을 새로운 블루오션으로 생각한다면 삶의 계획을 진지하게 생각하게 된다.

성공한 사람들은 점심시간 30분 내지 한 시간도 일생의 중요한 일부분이라 생각하고 귀중하게 보내려고 노력한다. 그래서 점심시간조차 남다르게 활용하려고 노력한다. 이들은 하루를 두 번 시작하는 사람들이다. 이들은 일출에서 점심시간까지 한 번 시작하고 점심시간부터 시작하여 저녁에 마치는 두 번의 하루를 보내고 있는 것이다. 그리고 이들의 새로운 시작의 중심에는 점심시간이 들어 있다. 그래서 이들에게 점심시간은 하루를 값있게 살 수 있는 소중한 시점이 되고 있는 것이다.

성공한 사람들의 점심시간 활용법을 다음과 같이 세 가지 유형으로 나눌 수 있다.

첫째, 휴식형이다. 가장 많은 사람들이 선호하고 있는 방법으로, 이들이 오후를 활기차게 보내는 것은 점심시간을 휴식시간으로 알차게 보냈기 때문이다. 이들 중 점심시간에 낮잠을 자면서 휴식을 제대로 취하는 사람들이 있다.

둘째, 사교형이다. 이들은 점심시간을 인맥을 쌓거나 사교를 위한 시간으로 활용한다. 그 대표적인 것이 현재 미국 대통령인 도널드 트럼프다.

셋째, 학습형이다. 성공한 사람들은 점심시간에 공부를 한다. 이들은 보통사람들과 다른 에너지의 소유자인 것처럼 잠시의 짬도 그냥 보내지 않고 공부한다. 성공한 사람들 중에 점심시간을 자기계발에 활용하여 필요한 학습이나 공부를 하는 사람들이 많다.

성공한 사람들은 위의 방법 중에서 현재 자신의 단계에서 가장 적합한 방법을 선택하여, 일주일에 며칠씩 배분하거나 고르게 실천한다. 스스로의 목표에 가장 부합하는 방식을 택한다. 그리고 꾸준히 실천하여 정상에 오른 것이다.

도널드 트럼프의
점심시간 활용법

현재 미국 대통령인 도널드 트럼프는 대통령이 당선되기 전에는 부동산 재벌이었다.

그가 보내는 점심시간은 미국 비즈니스맨들의 전형이라고 봐도 무방하다. 왜냐하면 그가 알고 지내는 미국의 비즈니스맨들 대부분은 그와 같은 방법으로 점심시간을 보내고 있기 때문이다.

도널드 트럼프의 점심시간 이용방법은 보통 사람들과 다음과 같은 점이 다르다. 그는 우선 대단히 간단하게 점심식사를 한다. 한때 맥도널드 광고에 출연한 일도 있듯이, 햄버거 애호가로 햄버거를 위주로 피자, 샌드위치 등의 간단한 식사로 점심을 한다. 그것도 짧은 시간에 끝낸다. 때로는 점심을 먹으면서 신문이나 편지를 읽기도 한다. 점심시간은 거의 대부분 혼자서 먹는다. 부동산재벌이면서 사업가인 그는 보통 사람들의 편견과 다르게 혼자서 점심 식사를 해결한다.

그렇게 간단하게 점심식사를 끝낸 후 나머지 시간을 비즈니스에 활용한다. 그는 주로 전화를 건다. 그는 그동안 정말로 대화를 나누고 싶었던 사람들과 점심시간에 대화를 나눈다. 그는 점심시간을 이용하여 인맥 네트워크를 형성하는 데에 사용하고 있는 것이다. 그는 뉴욕에 거주하면서 반대편에 위치한 L. A에 거주하는 사업가와 짧은 점심시간에 통화를 하면서 친목을 다지고 있는 것이다. 그는 특히 그 시간에 전화 상대자는 거의가 서로 존경하고 좋아하는 사람들이다. 트럼프는 그들과 전화를 통해서 오후 시간에 일하는 데에 필요한 에너지와 활력을 얻어 더욱 힘차게 일을 하는 것이다. 따라서 트럼프에게는 점심시간이 단순히 점심을 먹는 시간이 아니라 좋아하는 사람들과 전화로 대화를 함으로써 새로운 에너지를 충전시키는 재충전의 시간이기도 하다.

일하지 않는 시간을 줄이고
업무 속도를 높인다

시간을 자세히 기록하다가 보면 작업과 작업 사이에 틈새 시간이 얼마나 되는 지 알 수 있다. 일을 한다고 생각했지만 실제로는 일과 직접 관련이 없을 때가 꽤 많다는 것을 알게 된다. 예를 들어 인터넷 검색을 하다 보면 나도 모르게 링크를 따라가 인터넷 쇼핑을 하게 되는데 이렇게 하루에 2~3시간을 쇼핑에 허비하는 사람들이 많다.

시간을 기록할 때는 '검색하다'라고 적지 말고 '○○을 기록하다'처럼 구체적으로 내용을 적으면 업무와 거리가 먼 일에 허비하는 시간이 얼마인지 알 수 있다.

이러한 시간도 공백에 포함하여 틈새 시간으로 보면 결과적으로 업무시간에도 일을 하지 않는 시간이 몇 시간이나 된다는 사실을 발견하게 된다.

하루의 공백시간이 얼마나 많은지 알기 위해서는 하루 일과표를 기록할 때, '화장실 다녀옴' '옆 사람과 잡담' 등과 같은 업무 외의 행동에 대해서도 기록한 후 그런 행동들을 골라 누적시간을 계산한다. 누적 시간이 꽤 많다는 것을 깨닫게 되면 행동습관을 고치게 된다.

화장실에 그냥 갔다 오는 것이 아니라 화장실에서 만난 사람과 잡담을 하거나 여성들이라면 화장을 고치느라 시간이 걸리는 경우가 있다. 오랜 시간 동안은 아닐지라도 화장실에서 동료와 만나 이야기를 하다 보면 5~10분은 소요된다.

기록을 하면 점심시간을 의식하게 되어 '화장실에 다녀오면 몇 분 걸리겠다.' 등 그 행동에 걸리는 시간을 정확히 예측할 수 있게 된다. 그렇게 되면 업무 외의 시간을 최저로 줄일 수 있다.

다음으로 분 단위로 업무 내용을 세분해 보면, 업무를 시작하기 전의 준비나 업무를 마친 후의 정리, 물건을 원래 자리에 놓는 행동, 무언가를 찾거나 이동하는 데에 걸리는 시간이 꽤 많다는 사실을 알게 된다.

실제 업무 시간은 얼마 되지 않아도 그 앞뒤로 소요되는 시간이 더 많은 경우가 적지 않다.

성공하는 사람들은 대부분 걷는 속도가 매우 빠르다. 그들과 함께 걸어가면 일반인들은 속도가 매우 느리다는 것을 깨닫게 된다.

업무와 관련된 작업이나 동작을 최대한 압축할 수 있도록 동작 하나하나를 재빠르게 한다. 그들은 꾸준한 연습을 통해서 불필요한 동작들이 줄어 같은 작업도 훨씬 빨리 마칠 수 있다.

동작을 빨리하기 위해서는 시계를 활용한다. 걸을 때는 스톱워치로 시간을 측정하여 알람을 울리게 하는 방법으로 시간을 얼마나 단축할 수 있는지 매일 도전해 본다.

'시간 안에 이 일을 못하면 간식 안 먹기' 등과 같은 자신에게 가벼운 벌을 주어 의욕을 북돋우기도 한다.

또 일하는 순서를 생각하거나 아무리 사소한 일이라도 어떻게 하면 효율적으로 할 수 있을지를 고려해 속도를 올리는 방법을 연구해 본다.

일의 순서를 생각하며 움직이면 같은 작업이라도 놀랄 만큼 빠른 시간 안에 마칠 수 있다.

이사를 할 때 이삿짐센터 직원들이 엄청나게 빠른 속도로 짐을 옮기는 모습을 볼 수 있다. 보통 사람들이 했다면 한나절이나 걸렸을 일을 그 분들은 몇 시간 안에 끝낸다. 불필요한 동작을 없애고 효율성 있는 방법을 생각하며 행동한다면 일상의 모든 동작이 빨라져서 그만큼 여유시간을 만들 수 있다.

공백시간에
공부를 한다

성공하는 사람들은 이렇게 자신의 시간을 정확하게 측정하고 의식하는 것을 꾸준히 하여 작업당 소요되는 시간을 알게 된다. 대부분 한 달 정도 꾸준히 하여 예측 시간의 오차를 거의 없앤다.

성공하는 사람들에게 시간 활용법을 물으면, 그들은 거의가 자기계발을 위해 공부하는 시간을 하루 평균 3~5시간 할당한다고 한다.

바쁜 일과 중에 그것이 가능할까 하는 의문이 들지만, 일반 직장인의 경우에도 보통 5시간의 공백이 있다. 성공하는 사람들은 그 5시간을 매일 공부에 할당하여 자기계발에 힘쓰고 있다.

공백시간을 줄이면 야근을 하지 않고도 정시에 업무를 마칠 수 있고, 그 뒤에는 전문학원에 다니거나 책을 읽고 또는 세미나에도 갈 수 있다.

또 일을 하면서도 되도록 빨리 마치려는 의식을 갖고 있으면 아이디어의 원천이 될 만한 정보를 모으거나 새로운 기획을 제안하기 위해 조사를 하는 등 매일매일 미래를 준비할 수 있게 된다.

일이 너무 많아서 공부할 시간이 없다고 하는 사람일수록 실제로는 쓸데없이 낭비하는 시간이 많다. 직장인 한 사람의 가치는 업무 외에 미래를 얼마나 준비하는가에 따라 달라진다.

정보 혁명시대인 오늘날, 사회는 급격히 변하고 있다. 지금 눈앞에 닥친 일에만 급급해서는 미래는커녕 지금 하고 있는 일도 제대로 처리하지 못할 확률이 높다.

쓸데없는 시간을 자각하고 줄이는 만큼 미래를 위해 공부할 시간이 늘어난다.

성공하는 사람들은 자신의 시간을 정확하게 알기 때문에 시간을 제대로 정리하고 관리할 수 있다.

소소하지만 금싸라기
같은 자투리 시간

"시간은 황금이다."라는 말이 있다. 시간이 황금이면 자투리 시간은 금싸라기와 같은 것이다. 금싸라기가 모여서 황금덩어리가 되는 것이다.

보통 사람들이 소소하게 생각하는 자투리 시간은 얼마나 될까? 한 포털 사이트에서 조사한 바에 의하면 직장인들의 자투리 시간은 하루 평균 1시간 47분 정도라고 한다. 대략 1시간 30분을 잡는다고 하면 한 달이면 45시간, 1년이면 540시간이다. 이를 날짜로 따지면 22.5일로 1년 중 거의 한 달이 공회전이 되는 셈이다. 여기에다 1시간 전후의 출퇴근 시간을 합치면 엄청난 시간을 낭비하고 있는 것이다. 그런데 성공한 사람들은 대부분 이 소소한 시간을 잘 활용하고 있다.

소소한 자투리 시간을 분류하면, 오랜만에 가지는, 나만의 호젓한 시간은 A급이며, 출퇴근 시간에 갖게 되는, 조금 시끌벅적하지만 그래도 나만이 갖는 시간은 B급이다. 성공한 사람들은 A급 시간에는 오늘의 할 일이나 새로운 계획 등을 구상한다. B급 시간에는 공부를 하거나 학습시간을 갖거나 눈을 감고 휴식 시간으로 활용한다.

역사적 인물 중에 이 소소한 시간을 잘 활용하여 위대한 업적을 남긴 사람도 있다. 르네상스의 천재 레오나르도 다빈치는 이 소소한 시간에 순간적으로 떠오르는 아이디어를 메모하였다. 그렇게 30년 동안 메모하여 남긴 것이 5천 쪽이나 되었다고 한다.

다빈치는 농장주인의 아들과 시골처녀 사이에서 태어난 사생아였다. 어려서 잠시 친모와 살았으나 어머니가 개가하면서 할머니와 삼촌 밑에서 성장했다. 그런 탓에 정규교육을 받지 못했지만 글을 쓸 줄 아는 능력으로 메모하고 스케치하며 공부했던 것이다.

독일의 미술사학자 장 폴 리히터는 다빈치가 남긴 메모 중에서 '미술론'과 '문학론'에 해당되는 글을 모아 〈레오나르도 다빈치 노트북〉이라는 이름으로 펴내었다. 이 책 본문에 실린 스케치만도 1,000점을 넘었다고 한다. 이 스케치는 물론 다빈치가 그린 것들이다.

성공한 사람들은 소소한 시간을 어떻게 활용했는지 시간별로 알아보자. 30분, 15분, 5분 등으로 나누어 알아본다.

첫째, 30분 활용하기

보통 직장인들은 점심시간에 소소한 시간을 1시간 정도 갖는다. 점심을 먹는 시간을 빼고 나면 실제는 30분 정도 남는다. 이 30분 정도의 시간에 책을 읽으면, 책 분량에 따라 다르겠지만 절반은 읽을 수 있다. 그러면 2일 동안의 점심시간의 자투리 시간에 1권의 책을 읽을 수 있고, 1년 동안 160권은 읽을 수 있다.

일본 소프트뱅크 손정의 회장은 미국 유학 시절 하루에 30분을 발명에 할애했다. 아침에 일어나서 30분 동안 아이디어가 떠오르면 기록에 남겼다. 떠오르지 않으면 그날은 그것이 끝이었다.

둘째, 15분 활용하기

잠에서 깬 후 15분과 잠자리에 들기 전 15분은 하루의 일을 마무리하고 계획을 세우는 데에 적합한 시간이다. 또 아침 15분은 명상이나 요가를 하는 데도 좋은 시간이다.

15분은 몰두하기에도 좋은 시간이다. 성공한 사람들은 15분 동안 어느 한 가지 일에 몰두하여 생각하였다. 15분 동안 집중하여 신문이나 글을 읽은 사람도 있다. 존 F.케네디 전 미국 대통령은 아침식사하면서 15분 동안 신문을 열독하면서 세계전반에 대한 지식을 얻었다.

셋째, 5분 활용하기

〈클린〉의 저자인 알레한드로 융거는 심한 우울증과 잦은 질병으로 고생하였다. 우연히 눈을 떠서 하루 5분 동안 명상을 시작하여 자신의 병을 고치고 마침내 명상을 전하는 전도사가 되었다. 융거는 좌선을 하거나 의자에 앉아서 해도 상관없으며 하루 5분 동안 명상을 하라고 말하였다.

하루 5분 동안이면 발 지압을 할 수 있다. 하루 5분 동안 발 지압을 계속하면 1년 후 칙칙한 얼굴, 구부정한 허리, 흉하게 불거진 몸매를 고칠 수 있다.

보통 사람들이 우습게 보는 이 소소한 자투리 시간, 30분, 15

분, 5분이 성공한 사람들에게는 금싸라기 같은 귀중한 시간이
며, 그것을 이용하여 성공의 반열에 올라섰던 것이다.

성공하는 사람들의
업무시간 절약의 비결

일할 때 적극적으로
임하여 시간을 절약한다

게으름과 부지런함은 소극적인 행동과 적극적인 행동으로 바꿔 표현할 수 있다. 즉 게으른 사람은 무슨 일을 할 때 소극적으로 일하며, 반대로 부지런한 사람은 적극적으로 일한다. 사고방식이 적극적이면 모든 일을 신속히 능률적으로 처리하는 데 도움이 된다.

성공하는 사람들은 우선 낡은 습관을 타파하는 데에 많은 노력을 기울이지 않는다. 그런 노력으로는 자신을 패배로 이끌 수 있기 때문이다. 낡은 습관을 타파하려고 하지 않고 잊어버린다. 그 대신 좋은 습관을 갖도록 하기 위해서 노력한다. 새로운 좋은 습관을 갖기 위해서 그들은 다음의 다섯 가지 방법을 명심하고 하나씩 실천해 나간다.

첫째, 무슨 일을 할 때는 마음속으로 우선 행동으로 옮겨야 하겠다는 결심을 한다.

둘째, 일을 하기 싫다는 기분은 술을 마실 때처럼 방종의 소산이다. 그것은 누구나 살면서 한 번은 경험해보는 것으로, 마음 깊은 곳에 가로놓여 있는 강한 욕망을 만족시켜주는 감정적인 망설임이다. 만약 그것에 굴복하면 할수록 망설이는 마음이 더 커지고 실천력은 약해진다. 그리고 자기 혐오심이 커지면 커질수록 실망도 커지고 일은 완성할 수 없게 된다. 따라서 이런 기분이 절대로 들지 않도록 노력한다.

셋째, 기운을 잃거나 일이 하기 싫을 때는 대부분의 경우 타인이나 자신의 동정을 바라는 마음이 그 속에 숨어 있다. 우리 마음 속 어딘가에 있는 이 비뚤어진 근성은 이 같은 방종에 의해서 크게 만족을 느낀다. 이 경우 만일 다른 사람의 동정을 얻지 못하면 자기연민에 빠져 버린다. 따라서 이런 마음이 생기지 않도록 한다.

넷째, 사람은 누구나 일단 게으른 버릇이 들면 본래의 상태로 돌아가는 데에 상당한 시간이 걸린다. 월요일 아침 직장에 출근할 때 기운이 없거나, 휴가에서 돌아와 일할 기분이 들지 않는 것은 당연한 일이다. 성공한 사람들은 그런 경우 그런 소극적인 기분이 들지 않도록 하기 위해서는 평상시에 늘 하던 일부터 시작한다. 그렇게 두세 시간을 보내다가 보면 활력이 솟아나는 것을 느껴 힘차게 일과를 시작할 수 있다.

다섯째, 처음부터 너무 큰일을 하려고 하지 않는다. 처음에는 작은 일에 만족한다. 너무 많은 것을 바라는 것도 실패로 이끄는 원인이 되기 때문이다.

하는 일에
열정을 갖는다

흥미보다 더 높은 것은 열의다. 모든 일에는 열의를 가질 수 있는 성질이 본래 갖추어져 있다는 것을 알면 열의를 갖는 일이 그렇게 어려운 일이 아니라는 것을 알게 된다. 정신병리 학자들에 의하면, 우리가 어떤 일을 할 때 열의를 가지고 일을 하면, 보통 한 시간 일하는 동안 10분 가량밖에 피로감을 느끼지 않는다고 한다.

그러면 열의를 갖는 좋은 방법은 무엇일까? 성공하는 사람들은 어떤 방법으로 열의를 갖는 것일까? 열의를 갖는 최선의 방법은 주어진 일을 반드시 해내고야 말겠다는 긍정적인 마음으로 대하는 것이다. 일을 할 때나 사물을 바라볼 때 또는 새로운 방법을 찾아 몰두할 때 흥미를 갖도록 한다. 그러면 일을 하고 있는 동안에도 마음이 편해진다. 왜냐하면 일이란 그것을 하는 동안 그것을 사랑하는 마음이 없으면 오래 계속할 수 없기 때문이다. 일을 할 때 자극이 되는 것은 정복하는 것이 아니라 탐구하는 데에 있다. 칭찬을 받기 위해서가 아니라 그 노력에 대한 만족감, 완성했을 때의 쾌감을 얻기 위해 일하기 때문에 우리의 마음은 흡족해지는 것이다.

정신과 의사인 데이비드 시버리는 이렇게 말했다.

"우리는 대부분 골프, 낚시, 야구와 같은 운동을 할 때 만족감을 느끼며, 어떤 일을 완성했을 때 성취감을 느낀다. 그런 것을 느끼기 위해 여러 가지 방법을 시도해 본다. 즉 시험해 보는 것이다. 우리가 이런 마음을 갖는 한 운동이나 낚시 등은 즐거운 것이 된다. 이와 같은 사고방식은 모든 일에도 적용될 수 있다. 비록 그런 일이 당시에는 사소한 일이고, 언뜻 보기에는 중요하지 않은 일이라고 보인다고 해도 말이다."

또한 줄리아이스 카이자 회사 사장 필립 골드미스는 이렇게 말했다.

"상황에 따라 자기 자신을 격려해주면 당신의 목적을 보다 신속하고 훌륭하게 이룰 수 있다.

우리는 모두 어떤 실질적인 보수라는 대가를 주면 단기간에 많은 것을 완수할 수 있다. 보수는 반드시 돈이라야 할 필요는 없다. 방법은 얼마든지 있다. 이를 테면 어떤 일을 하면 평상시 같으면 30분이 소요되는데 친구나 동료로부터 영화초대를 받았다면 그 시간에 맞추기 위해서 10분도 안 되어 끝내고 말았을 것이다. 따라서 자신이 하는 일에 무엇이든지 보수를 정하고 일을 하도록 한다. 그러면 일이 끝나고 그 보수를 기쁘게 받을 수 있을 것이다.

능동적으로 생각한다

"꼭 해야 되겠다고 말하면서도 불평만 늘어놓고 빈둥거리는 것은 마술사가 되면 얼마나 편할까 하는 꿈을 꾸는 것이나 다름없이 어리석은 일이다."

비치나트 파킹 회사의 사장 카알 라비가 충고한 말이다.

어떤 일이든지 이 일을 재빨리 처리하여 시간을 절약하려면 '이 일이야말로 내가 해낼 수 있는 일이다.'라는 생각을 계속 지니고 있어야 하며, 모든 일을 수동적이 아니라 능동적으로 생각해야 한다. 적극적인 사고방식은 몽상을 현실로 바꾸게 하며, 하고자 하는 일을 완성시킨다.

성공하는 사람들이 자신의 사고방식을 적극적으로 바꾸고

모든 것을 능동적으로 생각하기 위하여 다음과 같은 마음가짐을 가진다.

첫째, 각기 목적을 달성하기 위한 단계를 설정하고 계획을 세워서 한다.

둘째, 모든 일을 있는 그대로 받아들이고 요행을 바라지 않는다. 잘못되었다고 깨달았을 때는 그 원인과 어떤 점이 잘못되었는지를 분명히 밝혀 두어 두 번 다시 되풀이하지 않도록 한다.

셋째, 상관이나 가족들의 결점을 찾거나 경쟁상대와 주변의 조건을 들어서 변명 재료를 만들지 않고, 그보다는 매일 하는 일에 보다 경제적이고 능률적인 방법을 연구한다.

그 자리에서
바로 실행한다

꾸물대는 사람은 시간을 가장 많이 낭비하는 사람이다. 정도의 차이는 있지만 우리 모두가 일을 뒤로 미루려는 습성을 가지고 있다. 지금 곧 해야 할 일이라도 어떻게 하든지 핑계를 대어 뒤로 미루려고 한다. 미국의 스펠만 추기경은 시간을 절약할 여러 가지 연구를 하고, 그것을 실천에 옮겨 성공한 대표적인 사람이다.

그는 무슨 일이든지 받는 즉시 빨리 해치운다는 것을 신조로 삼고 있다. 그가 집필한 〈오늘의 행동〉이라는 책은 신도들 사이에 "지금 당장 행동으로 옮겨라."라는 경구를 낳게 한 원전이 되었다고 한다.

그는 신앙이든 봉사든, 일상의 일이든 간에 사람에게 기다리게 해서는 안 된다는 것을 가르쳤다. 결코 남에게 시간을 낭비하게 해서는 안 된다는 것이 그의 엄격한 규율이다.

성공하는 사람들이 미루는 습관을 극복하는 방법으로 주로 다음과 같은 방법을 활용한다.

첫째, 급히 실행할 일이라고 생각 없이 무작정 덤벼들지 않는다. 먼저 모든 일을 질서 있게 계획한 다음 그 계획에 따라 행동한다.

둘째, 뒤로 미루는 습관을 없애는 방법의 하나로 가장 손쉬운 일부터 착수하는 것이다. 손쉬운 일을 먼저 하여 처음 한 일이 성공하게 되면 우선 확신을 얻게 된다. 그렇게 됨으로써 어려운 일에도 길이 트이게 된다. 처음에는 그다지 중요하게 여기지 않았던 일도 일단 그것을 완성하게 되면 거기에서 얻은 만족감이 중요한 힘이 된다.

셋째, 성공하는 사람들은 큰일의 정복을 작은 일의 연속이라고 생각하여 앞에 가로놓인 불가능해 보이는 큰일도 겁낼 필요가 없다는 생각을 갖게 한다. 예를 들어서 그들은 대작을 쓰는 일이 힘들다는 생각이 들었을 때 우선 메모를 쓰는 일부터 시작한다. 메모를 한 장 한 장 써내려가다 보면 어느 새 한 권의 책이 완성된다.

넷째, 일하기가 가장 힘들거나 하기 싫은 일부터 해버리면 다음은 비교적 편안한 마음으로 일하게 된다. 그러므로 우선 곤란하여 하기 싫은 일부터 시작하는 것도 또 하나의 좋은 방법이다.

다섯째, 책상 위에 산더미처럼 쌓여 있는 걱정거리는 사람을 피로하게 할 뿐만 아니라 시간을 낭비하는 나쁜 습관에 빠져들게 한다. 따라서 걱정거리는 아예 생각조차 하지 않는다.

일할 때 쓸데없는
말을 삼간다

"실천은 하지 않으면서 말만 많은 것도 가장 큰 시간 낭비다." 파나그라그 항공회사 사장 앤드류의 말이다. 또 〈창조력을 길러라〉의 저자 아랙스 오스본이 지적했듯이, 쓸데없는 말을 하지 않는 것은 시간 낭비를 줄이는 것 뿐만 아니라 인간관계에 중요한 요소가 되기도 한다.

우리가 지나치게 수다를 떤다는 것은 한시라도 빨리 그 일을 마음속에서 정리하고 어디론가 몰아내고 싶기 때문이다. 또한 남의 이목을 끌기 위해서 수다를 떨기도 한다. 그러나 모두 시간 낭비일 뿐이다.

오스본은 이런 수다를 극복하는 방법에 대해서 이렇게 말하였다.

"이런 손해를 없애기 위해서 두 가지 방법이 있습니다. 하나는 되도록 침묵을 지키도록 자신을 훈련시키는 것이고, 또 하나는 무슨 말을 할까를 생각해 두었다가 그 말만 다 했으면 그때부터 침묵을 지키는 것입니다."

인간이 무엇을 말하고자 하는가를 생각한 다음에 비로소 이야기를 한다면 쓸데없는 말을 하지 않게 된다. 따라서 대화할때 목표를 우선 세우는 것이 중요하다. 막연한 감정적 의견은깨끗한 양복을 입고 빛바랜 장미꽃을 달고 다니는 것과 같다. 만일 우리가 목적에 어긋나는 것은 일절 말하지 않기로 한다면우리들의 이야기는 좀더 견실해질 것이다. 그렇게 할 때 상대의기분을 상하게 하거나 화를 내게 하는 일 없이 언제나 자기편으로 잡아둘 수 있다.

성공한 사람들은 순간의 들뜬 기분을 누르고 불필요한 이야기를 하지 않도록 조심한다.

오스본은 수다에 대해서 이어서 이렇게 말했다.

"그 이야기를 하기 위해서 시간을 따로 낼 가치가 있는가?"하고 생각해 보라. 이런 생각을 하는 데에는 단 2초밖에 소요되지 않지만 2초를 소비함으로써 5분 또는 15분 동안의 쓸데없는 말이나 불필요한 말을 하는 데 소요되는 시간을 줄일 수 있다. 그렇지만 하루 종일 입에 빗장을 잠글 필요는 없지만, 하루 종일 수다를 떨어서는 안 된다. 지나치게 수다를 떠는 것은 정열을 소모하는 가장 큰 원인이 되기도 한다."

작가 소피 카는 여성의 큰 결점은 '수다를 많이 떠는 것'이라고 말하였다. 먹는 이야기, 옷 이야기, 남편이나 파트너 이야기는 언제나 여성들의 수다의 재료가 되었다. 같은 이야기를 몇 번이나 되풀이하면서도 싫증을 느끼지 않는 것이 여성들의 수다이다.

또 누구나 다 아는 뻔한 말을 이것저것 하기 좋아하는 사람도 있는데, 이것 또한 시간 낭비다. 단 한마디의 말이라도 쓸데없는 말을 하지 않음으로써 시간이 절약된다.

로버트 와그너 주니어가 뉴욕 시장으로 취임할 때, 그는 자기 이름에서 '주니어'를 뺀다고 말하면서 이렇게 설명했다.

"나의 임기 중 나의 이름을 그냥 로버트 와그너라고 부르면 시민과 신문기자 여러분이 얼마나 시간 절약이 될까를 생각했습니다. 이것은 언제나 변함없이 후원해준 시민 여러분에 대한 나의 감사의 표시이기도 합니다."

이름 하나를 붙이고 떼는 것이 이름을 부를 때 얼마나 시간 절약이 될까를 생각할 정도로 깨달은 것은 성공하는 사람들만이 할 수 있는 것이다.

효율적으로 일한다

성공한 사람들은 효율적으로 일한다. 효율적으로 일함으로써 많은 일을 처리할 수 있다. 인생은 시간과의 싸움이다. 자신에게 주어진 시간을 잘 관리할 때 미래를 준비할 수 있다. 따라서 성공한 사람들은 시간이라는 자원을 잘 활용하기 위해 효율적으로 일한다.

그럼 성공한 사람들이 어떻게 일하기에 효율적으로 일하는 것일까? 그들은 일의 우선순위를 정한 다음 가장 중요한 일부터 처리한다. 사소한 일에 신경을 쓰다 보면 중요한 일을 간과하게 된다. 막상 중요한 일을 하려고 하면 시간이 부족하다. 중요한 일을 제대로 해내지 못한다면 효율적으로 일했다고 말할 수 없다.

성공한 사람들의 효율적으로 일하는 방식은 다음과 같이 몇 가지로 요약할 수 있다.

첫째, 일을 조직화하고 단순화한다.

무턱대고 일하지 않는다. 꼭 해야 할 일을 정해서 한다. 자신의 업무와 관계없거나 기여도가 낮은 업무는 목록에서 아예 뺀다.

둘째, 절대로 미루지 않고 그 즉시 처리한다.

"오늘 할 일은 오늘 한다."는 원칙을 세워 놓고 일하는 습관을 들여서 오늘 할 일은 내일로 절대로 미루지 않는다.

셋째, 창의적으로 일한다.

창의적으로 일한다는 것은 기계적으로 일하지 않고 지금보다 효율적으로 일을 할 수 있는 방법은 없는지를 생각하고 연구하면서 일하는 것을 말한다. 그렇게 일함으로써 효율적으로 일하는 스킬을 터득하게 된다.

넷째, 몰입해서 일한다.

미국 시카고대학의 심리학과 교수인 미하이 칙센트 미하이 교수는 자신의 저서 〈몰입의 즐거움〉에서 성공하기 위해서는 한 가지 일에 몰입하는 필요성을 역설했다. 일을 잘 하기 위해서는 몰입을 해야 한다. 몰입할 때 일을 효율적으로 할 수 있다는 것이다.

다섯째, 즐겁게 일한다.

성공한 사람들은 일을 효율적으로 하기 위해서 일의 '의미'를 찾는다. 의미를 찾고 일에 의미를 부여할 때 자연히 일이 즐거워지고 효율적으로 하게 된다.

여섯째, 한 번에 한 가지씩 한다.

성공한 사람들은 한 가지 일을 마무리하기 전에는 새로운 일을 손대지 않는다. 중요한 일일수록 몰입의 강도가 높아진다. 그만큼 일의 완성도도 높아진다.

일곱째, 하기 싫은 일부터 처리한다.

일 중에는 자신이 좋아하는 일과 싫어하는 일도 있다. 성공하는 사람들은 싫어하는 일부터 한다. 싫어하는 일을 완성시키

면 마음이 홀가분해지기 때문이다. 그런 다음 자신이 좋아하는
일을 하면 훨씬 기분 좋게 일할 수 있게 된다.

매일 확인하는
시간을 갖는다

아침 일찍 일어나는 등 좋은 일이나 지금까지 배워온 유익한 행동들을 습관화하지 않으면 모든 것들이 스쳐 지나갈 뿐 자신의 것이 되지 않은 채 끝난다. 그러므로 성공한 사람들은 습관화한다.

그렇다면 습관화는 어떻게 할 수 있을까? 답은 간단하다. 같은 일을 매일 반복하면 습관화된다. 한 번 읽은 것은 잊어버릴 일도 매일 읽으면 자연스럽게 외우게 된다. 그러므로 성공한 사람들은 배우고 익힌 유익한 것들은 매일 실천하고 이를 반복하여 자연스럽게 습관이 되게 한다.

습관을 들이려면 반복은 물론이고 매일 그날의 상태를 확인하는 것이 효과가 있다. 정리된 상태는 주의하지 않으면 금세 어지러운 상태로 돌아간다. 책상 주변, 폴더, 서류와 일정까지 처음에는 잘 정리되었어도 시간이 조금 지나면 심지어 하루가 끝날 즈음에 다시 뒤죽박죽 어지러운 상태가 될 것이다. 이를 방지하려면 하루가 끝날 무렵에 정리 상태를 확인하고 파악해야 한다.

매일 잠들기 전에 시간을 갖고 적어도 자신의 상태만이라도 파악한 뒤 잠들도록 한다.

오늘 자신이 보낸 시간 중 낭비는 없었는지, 하루 중 어떤 시간을 줄일 수 있었는지 잘 생각해본다. 또 아직 정리되지 않은 것이 있다면 언제 시간을 내어 그것을 정리할지 생각해보는 것이다.

매일 잠들기 전에 이렇게 파악할 수 있는 시간을 가질 수 있도록 캘린더에 하루의 끝날 무렵 30분을 '매일 반복'이라고 입력한다.

사무실에서 일을 마치기 전에도 반드시 확인하는 습관을 갖는다. 책상 주변이 정리되지 않았다면 모두 제자리에 돌려놓고 퇴근하는 습관을 갖는다. 하루 중 확인하는 시간이 없으면 사소한 일은 내일로 미루게 된다.

정리된 상태가 유지되지 않으면 의미가 없다. 그러므로 매일 반복해서 확인하여 정리된 상태를 유지하는 것을 습관으로 들인다.

습관을 들인다는 것은 어렵지 않다. 그저 매일 반복하기만 하면 된다. 그렇게만 해도 뇌에는 정리된 상태가 각인되어 그것이 당연하다고 느끼게 된다.

성공하는 사람들은 늘 일에 쫓기는 일상을 탈출하기 위해서 조금 귀찮더라도 매일 반복하여 확인하고 정리된 상태로 습관을 들인다.

정해진 일은 반드시
처리하는 습관을 갖는다

'하겠다.'고 마음먹은 일을 마치지 못한 상태에서 하루가 끝 났다면 보통 사람들은 '살다가 보면 그런 날도 있지 뭐.' '못 했 으면 어쩔 수 없지 뭐.'라는 생각을 한다. 그러나 성공하는 사람 들은 결코 그런 생각을 하지 않는다.

'못 했으면 어쩔 수 없지.'라는 생각은 절대 금물이다. 그런 생각으로 처리하지 못한 것은 당연해져서 그날 하기로 정해진 일을 미루게 되는 일이 빈번해진다. 성공하는 사람들은 그 날 하기로 정한 일은 점심시간이나 휴식시간에 반드시 마친다.

요리조리 피하면서 다른 날로 일정을 바꾸고 '뭐 어때?' 하고 넘어가는 일이 여러 번 반복되면 그는 평생 동안 능력 있는 사람이 될 수 없을 뿐더러 성공과는 거리가 멀어진다.

'하겠다.'고 마음먹은 일은 반드시 마친다는 규칙을 스스로 만들고 지켜야 한다. 그렇게 하면 아무리 사소한 용건이라도 하기로 한 일은 반드시 마치는 사람이라는 의식이 생겨 습관이 된다. 그러다 보면 사람도 바뀔 수 있다.

만약 그 날에는 도저히 시간이 없어 한밤중까지 일해도 정한 일을 도저히 마칠 수 없다면, 다음 번 일정을 짤 때는 그 일에 2배의 시간을 할당하거나 앞뒤로 30분씩 여유 있게 일정을 짠다. 자신의 시간을 잘 계산해서 해야 할 일을 다시 한 번 정리해본다. 중요한 것은 시간을 정했으면 결코 미뤄서는 안 된다는 점이다.

초반에는 시간 안에 마치지 못했던 일, 점심시간을 희생하거나 야근을 해서 겨우겨우 마쳤던 일이라도 일정을 지켜 계속 해나가다 보면 사람이 달라진다. 그렇게 될 무렵에는 자연히 일하는 능력도 향상될 것이다.

데드라인을 정한다

데드라인은 신문, 잡지의 원고 마감, 혹은 은행의 준비금 한 계선을 의미한다. 넘어서는 안 될, 반드시 지켜야 할 선이 바로 데드라인인 것이다. 업무능력에서 기한을 맞추는 것도 중요하다. 데드라인을 넘기지 않고 일을 처리하는 능력이야말로 성공을 향해 달려가는 사람들에게 필요한 능력이며 자질이다.

언제까지 되겠지 막연하게 생각하다 보면 절대 그 일을 그 날에 처리하지 못한다. '다음 주까지 끝내겠다는 식'이 아니라 '몇월, 며칠, 몇시까지 끝낸다.'는 식으로 구체적으로 데드라인을 설정해두는 게 좋다. 목표가 구체적이어야 행동과 결과 모두 구체적으로 나타난다.

성공하는 사람들은 일을 할 때 데드라인을 설정하는 좋은 습관을 가지고 있다. 그리하여 데드라인을 목숨 바쳐 지킨다. 데드라인이 정해져 있기 때문에 그들은 마음이 느슨해지지 않으며, 데드라인 이전에 일을 끝내겠다는 목표를 세운다.

일에서 일정을 관리할 때 데드라인을 정해 두면 일에 대한 책임도 더 커지고 실제 결과도 더 명백해진다.

성공하는 사람들은 데드라인을 스스로 정한다. 그리고 가급적 여유 있게 정한다. 실제 마감일보다 하루나 이틀 여유 있게 자신만의 데드라인을 정해 두면, 일이 끝나고 나서 다시 검토해 볼 여유가 생긴다. 그 여유로 말미암아 일의 완성도를 높이며, 시간에 쫓겨 허둥대는 일이 없어진다.

스스로 정한 데드라인을 지키는 연습은 나중에 습관으로 만들어진다. 그러나 한두 번 데드라인을 어기다 보면 데드라인에 대한 절박감이 없어지고 데드라인을 아예 정하지 않게 된다.

데드라인은 일과의 약속이며 자신과의 약속이기도 하다. 자신과의 약속을 어겼을 때는 자신에게만 피해가 가지만, 그 일이 여럿이 함께 하는 일이라면 자신에게만 피해가 가는 것이 아니라 남들에게도 피해를 주게 된다.

실제로 데드라인이 없고 있고는 생산성에 큰 차이를 준다.

같은 사람이라도 모든 일마다 데드라인을 정해서 언제까지 꼭 해야만 하는 상황을 설정해두는 것과 데드라인이 없이 할 수 있는 만큼 하면 되는 상황을 설정해둔다면 전자가 후자에 비해 훨씬 더 많은 결과물을 드러낸다.

데드라인은 스스로에게 관대하거나 나약해지는 자신을 컨트롤하기 위한 유용한 도구이다. 성공한 사람들은 다이어리나 달력, 날짜별, 스케줄표 등에 자신이 처리할 일의 데드라인을 모두 명기해둔다. 포스트잇에 그날그날 처리해야 할 일의 리스트를 붙여 놓고 처리한 일은 하나씩 지워나가는 방법도 이용한다.

성공하는 사람들은 데드라인 설정으로 마감 기한을 넘기는 무책임을 피하는 것이다.

효과적으로 일하는
비결 5가지

성공한 사람들이 효과적으로 일하는 비결은 우리의 생물학적 특성을 고려하는 데에 있다. 생체 시스템이 최상일 때 사람은 누구나 이해력·열의·정서조절·문제해결·창의력·의사결정에 있어서 최상의 능력을 발휘할 수 있다. 반면에 생체 시스템이 불안정하면 똑같은 문제에 형편없이 대응하게 된다. 충분한 수면, 꾸준한 운동, 골고루 섭취하는 영양식은 이런 정신적 기능에 지대한 영향을 끼치며, 일을 시작하기 전의 정신 상태 역시 업무 수행능력에 커다란 영향을 준다.

심리학과 신경과학을 연구한 학자들은 연구를 통해서 사람은 언제 그리고 어떻게 효과적인 정신기능을 발휘할 수 있는지에 대해 여러 가지 사실들을 알려준다. 이들에 의하면 하루에 놀라운 몰입의 순간, 2시간을 만드는 다섯 가지 전략이 있다.

성공하는 사람들은 대부분 이 다섯 가지 전략을 통해서 생산성을 높이고 효과적으로 일을 하게 되었다. 그 다섯 가지는 다음과 같다.

첫째, 결정의 순간을 잡는다.

어떤 일을 시작하면, 비행기의 자동조종장치처럼 우리 몸에 있는 자동 주행모드가 켜진다. 일을 하는 도중에 방향을 바꾸기가 어렵다. 그러므로 일과 일하는 사이 순간을 최대한 활용한다. 이 결정의 순간에 다음 시간대에 해야 할 일을 선택하며, 이때 자신에게 가장 중요한 일이 무엇인지를 결정한다.

둘째, 정신 에너지를 관리한다.

자제력과 집중력을 요하는 업무는 에너지를 고갈시키며, 감정소모가 필요한 일은 정신을 지치게 한다. 따라서 성공한 사람들은 각 업무의 특성과 피로해진 정신을 회복시키는 데에 필요한 시간을 고려하여 일정을 짠다.

셋째, 잡념에 빠지지 않도록 한다.

의도적으로 주의를 돌리는 방법을 배운다. 인간의 뇌는 늘 새로운 것을 탐색하고 관심을 갖게끔 설계되어 있다. 한 가지에만 영원히 집중할 수 없는 것이다. 주의력을 흩뜨리는 방해 요소와 맞서 싸우려는 것은 끊임없이 밀려오는 파도와 싸우는 것과 같다. 인간의 뇌가 어떻게 움직이는가를 이해하면, 주의력을 잃고 산만해졌을 때 재빨리 효과적으로 원래 하던 일로 돌아가기가 쉬워진다.

넷째, 몸으로 정신을 조절한다.

단기간에 성공을 거둘 수 있는 일부터 하여 사기를 북돋운다. 또한 몸을 움직이거나 음식을 섭취하여 정신을 강하게 한다.

다섯째, 업무 환경을 알맞게 조정한다.

어떤 환경의 요인이 자신의 능력을 최대한으로 끌어올릴 수 있는지를 알아내어 그것에 맞춰 공간을 꾸민다. 또한 무엇이 자신을 산만하게 만드는지를 알고, 자신의 뇌를 자극하고 위험 감행 모드로 만드는지를 알아 내면의 생산성을 높일 수 있는 방향으로 업무공간을 꾸민다.

이런 전략이 혹자에게는 너무 단순하게 보일지 모르며, 너무 상식 수준이 아니냐고 말하는 사람도 있으나 성공한 사람들은 이 다섯 가지 전략을 뒷받침하는 과학 이론을 이해하여 무엇이 실천할 가치가 있고, 또 현실적인 한계 속에서 어떻게 실천해야 되는지 깨닫고 실천에 옮긴다. 그들은 가장 필요한 업무에 집중할 수 있을 뿐만 아니라 한쪽으로 치우친 삶의 균형도 바로잡는다.

성공하는 사람들의
휴식 시간 관리 비결

휴식으로 에너지를
충전시킨다

코카콜라 회사는 1929년부터 "휴식은 에너지를 충전시킨다." 는 슬로건 아래 직원들에게 충분한 휴식을 취하도록 하였다. 그들은 일하는 도중에 휴식을 취하는 것이 심리적으로나 육체적으로 능률을 증진시킨다는 것을 알고 직원들에게 충분한 휴식을 취하도록 하였다. 그것을 판매 전략에도 적용하여 판로를 확대하는 데도 많은 도움이 되었다.

애틀랜타에 있는 애틀랜틱 제강회사의 사장 린치 씨는 휴식에 대해서 이렇게 말했다.

"나는 코카콜라 냉각기를 한가운데 놓고 그 부근에 공장을 짓고 싶다. 청량음료가 일하는 사람들의 건강에 얼마나 중요한

가를 말하고 싶은 것이다."

제강회사에서 일하는 직원들은 높은 온도가 뿜어내는 열기 속에서 일하다 보니 이러한 휴식시간이 필요한 것이다. 이 같은 견해는 다른 업종에 종사하는 많은 기업인들로부터 동의를 얻고 있다.

세계 제 2차 대전 당시 전쟁에 임한 영국이나 미국에서 군수품 생산이 무엇보다 중요하여 독려하고 있는 상황이었는데, 그런 상황에서도 청량음료의 생산이 제 1순위에 놓여 있었다. 그것은 노동자들이 청량음료를 마시면서 5분 또는 10분간의 휴식을 취하는 것이 피로를 줄이고 생산량을 높이는 최선의 방법임을 인정하기 때문이다. 그리하여 휴식을 취하도록 하는 것이 노동자들의 사기를 올리고 능률을 극대화하는 데에 필수적인 것이었다. 이러한 사실은 미국 공중위생보건소에서 발행한 공식적인 간행물에서도 그와 같은 사실을 인정하면서 다음과 같이 보고하였다.

"비록 근로자가 휴식 시간에 노동을 하지 않으므로 임금이 적어진다고 하여 휴식시간 제도를 반대한다고 할지라도 회사 입장에서는 휴식시간 이용을 보증하고, 휴식시간을 주는 것이 유리하다. 과거의 경험으로 봐서 이와 같은 휴식시간을 설정함으로써 설령 크게 눈에 띄게 생산량이 늘지는 않았더라도 적게나마 능률이 오름으로써 이런 휴식시간을 만들지 않았을 때보다 더 많은 능률이 오른다는 것이 입증되었다.”

성공하는 사람들은 일하는 사람들 누구에게나 휴식시간이 필요하고 그 시간을 부여함으로써 오히려 생산 능력이 향상된다는 것을 깨닫고 자신은 물론 종업원들에게도 적당한 휴식을 취하도록 하고 있다.

하는 일이 어떤 것이든, 종류가 무엇이든, 또 밖에서 일하든 집에서 일하든 일하는 장소가 어디든지 반드시 휴식을 취하는 것이 여러 면에서 효과적이다. 휴식이야말로 에너지를 충전시키는 제일 좋은 방법이기 때문이다.

제대로 쉬는 사람이
몰입도 잘 한다

머리를 비우는 것은 새로운 것을 담기 위함이다. 줄곧 정보를 담기만 하고 버리지 않기 때문에 뇌는 피로하게 된다. 필요한 정보든, 지난 정보든 용량이 초과되어 쌓여 있다면 이제라도 컴퓨터 파일을 정리하듯이 불필요한 것부터 과감하게 지워야 한다.

20대, 30대, 40대 했던 생각이 각각 다르다. 또 40대부터는 초반과 중반의 생각이 다르고, 50대를 접어든 후반의 생각이 현저하게 차이가 난다. 기억도 마찬가지다. 예전에는 모든 것을 수용할 수 있을 정도로 포용력이 넓었지만, 나이가 들면서 생각의 속도가 느려지고 생각의 폭도 좁아지며, 생각의 창고도 낡아진다. 생각의 고리들이 뇌의 중심에 쌓여 있으면 정작 중요한 아이디어나 기억이 떠오르지 않는다.

최근에 과학자들은 뇌의 휴식에 주목하고 있다. 뇌의 인지도를 연구하는 미국의 저명한 연구소 소장은 짧은 시간에 집중하는 것도 좋지만, 10분간 쉬는 것도 중요하다고 말한다. 휴식의 어느 정도 수준은 기억력과 관계가 있다는 것이다. 뇌는 쉬지 않고 계속 사용하면 오랫동안 작동하지 못한다. 뇌가 쉬어야만 신경전달 물질이 제대로 만들어지고, 신경전달 물질이 만들어져야 집중력과 기억력이 형상된다는 것이다.

열심히 책을 읽거나 일을 할 때는 베타파 중에서도 빠른 베타파가 나온다. 그때 잠시 눈을 감고 있으면 눈을 통해 자극이 전달되지 않기 때문에 빠른 베타파는 느린 알파파로 변한다. 느린 알파파는 명상을 하는 것처럼 긴장이 완전히 이완된 상태이다. 알파파도 고도의 집중 상태에서 나오는 뇌파다. 노벨상을 수상한 과학자들 90%가 꿈을 꾸거나 명상 중에 중요한 아이디어를 얻었다고 한다. 천재성을 발휘하는 순간 평상시에 베타였던 뇌파가 알파로 변하는 것을 알 수 있다.

그렇다면 알파는 천재들에게만 나타나는 것인가? 그렇지 않다. 음악가든, 운동선수든, 성공한 CEO든 누가 어떤 일을 하든 최고의 능력을 발휘하는 순간엔 예외 없이 나타난다.

애리조나 주립대학의 랜더스 박사의 연구 결과에 의하면 몰입능력은 훈련을 통해서 키울 수 있다고 한다. 랜더스 박사는 활쏘기를 경험한 사람에게 활쏘기 훈련을 실시한 결과 처음에는 그들에게 알파파가 발사되지 않았다. 활쏘기 기술이 향상되면서 그들로부터 알파파가 감지되기 시작했다고 한다. 훈련 기간이 끝날 무렵 활쏘기 기술이 뛰어난 사람들에게는 양궁 선수처럼 알파파가 현저하게 증가하기 시작했다. 이것은 훈련을 통해서 몰입의 기술이 얼마든지 향상될 수 있음을 보여주는 사례이다.

성공한 사람들은 누구나 뇌를 효율적으로 관리하기 위해 중간에 잠시 뇌를 쉬게 해준다. 10분 정도 아무것도 하지 않고 눈을 감은 채 공부한 내용이나 일의 일부분을 천천히 생각한다. 그러면 뇌파가 알파파가 되도록 많이 유도하게 되는 것이다. 이런 훈련을 통해서 쉽게 몰입을 경험하게 되고, 그 순간 자연스럽게 자신의 최고 역량을 발휘할 수 있게 된다.

명상과 산책을 통해
자신을 되돌아본다

성공하는 사람들은 쉼의 개념이 모호하게 느껴질 때 명상을 해본다. 명상을 한다고 해서 승려나 수도사가 하듯이 가부좌를 틀고 눈을 감고 하는 것은 아니다. 누워서도 걸으면서도 할 수 있다. 명상이란 마음을 자연스럽게 다스려 정신을 한 곳에 몰입시켜 내면의 자아를 확립하는 것이다. 오늘날 많은 사람들에게 명상이 어필되는 것은, 명상이 종교적인 수도의 차원이 아니라 만병의 근원인 스트레스 해소에 효과가 있기 때문이다.

실제로 명상을 하면 뇌파가 의식이 깨어 있는 베타파에서 가수면 상태의 알파파로 변화되면서 자율신경계의 조화가 이루어지고 근육이 이완되는 효과를 볼 수 있다.

명상은 우선 마음을 열어 자연을 느낀다. 산과 숲을 둘러보면서 길가에 핀 꽃, 바스락거리는 나뭇잎 소리, 새소리, 숲 속의 신령스러운 기운까지도 오감으로 받아들인다. 이때 호흡이 중요하다. 신체를 이완시키는 데 가장 중요한 요소이기 때문이다. 깊고 규칙적인 호흡은 자율 신경계를 안정시켜 명상에 돌입하도록 도와준다. 허리를 곧게 펴고 마치 코에서 가는 실이 나왔다 들어가는 것처럼 들숨과 날숨을 편안하고 고요하게 반복한다.

산책도 명상의 일종이다. 움직이면서 명상을 하는 것이다. 산책을 하기 전에 몸부터 가볍게 풀자. 그리고 자연과 한 몸이 되어 살포시 걷는다. 가끔은 멍하니 서서 하늘을 쳐다보도록 한다.

성공한 사람들은 산책을 할 때 몇 가지 과제를 정한다. 자연에 대한 경외심과 감사함을 일깨우는 등 과제를 스스로 고른다. 사람들은 자연을 느끼는 순간 그 순간이 얼마나 소중한지 잘 모른다. 새소리, 물소리, 바람소리, 푸른 숲, 파랗고 높은 하늘을 느껴본다. 자연을 느낀다는 것은 자연과 하나됨을 뜻한다. 그리하여 온몸에 자연의 신성한 기운이 들어오는 것을 느낀다.

또 자기가 뭘 하면 되는지, 이대로 가면 어떻게 되는지, 진정으로 소망하고 있던 것을 얻었는지, 인생의 목표에 도달했는지를 생각한다. 자신의 살아온 인생을 뒤돌아본다. 그리고 미래를 생각한다.

성공하는 사람들은 산책을 위한 특별한 시간을 갖기도 하지만 때로는 새벽에 일어나 바위나 풀밭에 누워서 몸을 스치는 바람을 느껴본다. 피부가, 세포 하나하나가, 상쾌하다고 외치는 소리를 느낀다. 뺨을 스치고 지나가는 바람 한 자락에서 우주의 기운과 에너지를 느낀다.

또 기회가 닿으면 맨발로 땅을 디뎌본다. 모든 생명이 대지에 움을 틔운다. 땅의 기운이 생명의 기운이라 느끼며, 생명의 기운이 발바닥을 통해서 온몸을 감도록 되어 있다고 생각한다. 발바닥에 느껴지는 잔가지, 나뭇잎, 모래, 흙의 감촉에 집중한다.

성공하는 사람들은 적어도 한 주에 한 번씩은 명상이나 산책을 한다. 그리고 그 명상을 통해서 새로운 기운을 얻어 일상에서 찌들고 활력을 잃은 것들을 내보내고, 신선한 자연의 기운을 통해서 생기를 되찾는다.

쉬는 동안에
창의력을 충전시킨다

쉼은 하나의 일인 동시에 일은 또 하나의 쉼이다. 쉬는 시간은 브레인 모드에서 빠져나오는 시간이고, 일하는 시간은 창조하는 시간이다. 창조는 뇌의 작용인데, 뇌에서 전두엽은 의욕을 담당하고, 측두엽은 지식 경험을 담당한다. 다시 말해 전두엽과 측두엽을 계속 움직여야 창조 활동이 가능하다.

어떤 문제가 생겼을 때 전두엽이 측두엽에게 문제를 해결하라고 지시하면, 측두엽은 몇 가지 해결책을 내놓는다. 전두엽이 그 해결책을 검토하고 불합격 판정을 내리면 측두엽은 다른 경험과 지식을 내놓는다. 그 해결책이 문제를 해결하는 데에 적절한 경우 전두엽은 작업 흥분을 지시한다. 그러면 문제가 풀리는 것이다. 이 전두엽과 측두엽을 계속 훈련시키면 쉽게 문제를 해결할 수 있게 된다. 성공하는 사람들은 이런 과정을 습관화한다.

성공한 사람들은 노력하고 연구하는 일이 습관화되어 있다. 전두엽과 측두엽 사이에 있는 회로를 단련하면 습관이 되고 새로운 생각을 하게 된다. 이런 사람일수록 브레인 모드를 자주 반복한다.

누구나 공부를 하면 뇌는 학습 모드가 된다. 운동을 하면 뇌는 운동 모드가 된다. 학습 모드, 운동 모드가 브레인 모드 상태이다. 완전히 몰입할 때는 다른 생각을 전혀 하지 않게 되므로 쉼이 필요하게 된다. 몰입했을 때 휴식은 오히려 방해가 된다. 그러나 신이 나서 시작했더라도 어느 정도 시간이 지나면 뇌는 권태를 느낀다. 주의 집중하는 강도가 굉장히 강하다고 할지라도 30분이면 족하다. 세로토닌은 무한정 분비되지 않는다. 30분을 정점으로 줄어들기 시작한다. 90분 되면 거의 바닥이 난다.

따라서 아무리 좋은 일도 휴식을 취하지 않고 지속할 수 없다. 잠시 브레인 모드에서 빠져나와서 휴식을 취할 수밖에 없다. 휴식을 취해야 모든 활동을 할 수 있다. 그러므로 성공한 사람들은 적절한 타이밍에 적절한 방법으로 휴식을 취하면서 재충전한다.

휴식 시간을
기분전환을 위해서 쓴다

미국의 어느 시장(市長)은 시청의 모든 임직원들에게 하루 30분 동안 깊은 명상에 잠기도록 하였다. 그 30분 동안은 외부에서 걸려오는 전화도 받지 말고, 면담도 하지 말도록 지시하였다. 그리고 그 30분 동안은 오로지 아이디어만을 생각하도록 하였다. 시의 발전과 시민을 위해서 어떤 좋은 일을 할지를 구상하도록 지시하였다. 그 결과 많은 아이디어들이 구상되어 쏟아져 나왔고, 시민을 위해서 좋은 복지 정책들이 복안되어 시민들을 위해 좋은 정책들을 펼칠 수가 있었다고 한다.

아이젠하워 대통령 밑에서 일한 한 직원은 아이젠하워 대통령에게 30분 늦게 보고서를 제출하여 30분 늦게 읽어보도록 하였다. 이것은 이 30분 동안 국가의 현재 상황과 미래를 생각할 수 있도록 하기 위해서였다.

또한 대통령 고문인 버나드 바르코는 잠시 책상을 떠나 공원 벤치에 앉아 30분 동안 다람쥐를 보면서 생각에 잠겨 똑같은 효과를 올리도록 하였다. 그는 그렇게 보낸 시간은 기분을 전환시키고 새로운 마음을 가지는 데에 매우 큰 도움이 되었으며, 몇 갑절의 소득을 얻어 책상에 돌아간다고 한다.

진공청소기 설계자이며 제작자인 알렉스 큐이트는 점심시간을 이런 목적을 위해서 쓰고 있다. 그는 언제나 그의 사무실에서 혼자 점심 식사를 한다. 그 동안 전화도 받지 않으며 방문객도 만나지 않으며, 완전히 몸과 마음의 휴식 시간으로 활용한다. 여러 가지 방해물을 피하여 이렇게 혼자 있으면 문제를 객관적으로 볼 수 있으며, 또한 객관적으로 생각하고 판단할 수 있게 되고, 앞으로의 활동에 대해서 아이디어를 얻기도 한다.

미국 직장인 중 5분의 3은 오전 중 티타임을 갖는다. 그 티타임을 효과적으로 사용하고 있는 사람들은 많지 않다. 시사 문제 해설가 에드워드 B. 마르오는 티타임 시간에 한 잔의 커피가 기분을 원활하게 해준다고 말하였다. 또 유명한 디자이너 소피아도 한 잔의 커피를 마시면 훨씬 기분이 좋아지고, 생각이 맑

아지며, 창조적인 일을 하는 데에 도움이 된다고 하였다.

또 배우 찰스 토론이나 샤를르 보아이에도 기분을 새롭게 하기 위해 리허설 중간에 커피를 마신다고 하였다. 오전에 티타임 시간을 갖는 것은 원래 세계 제2차 대전 때부터 실시되었다. 많은 기업인들이 오전 중 10분이나 15분 동안의 티타임이 사원들의 생산과 능률을 올려주며 사기를 높이는 데에 도움이 된다는 것을 인정했다. 티타임을 갖고 난 후부터 피로가 줄고 사고 발생률이 현저히 낮아졌으며 결근이나 사원들의 이적률이 훨씬 줄어들었다고 한다. 이 때문에 커피 이동판매기나 자동판매기를 설치하는 기업들이 많이 생겼다.

대부분의 과학자들은 커피가 피로를 푸는 데에 적절한 자극제라는 점에 동의한다. 한 잔의 커피 안에 평균 2.5g 카페인이 들어 있는데, 이 카페인은 근육뿐만 아니라 정신과 육체의 건강을 도와 업무상의 사고를 예방하는 데에 도움이 되고 있다. 알코올과 달리 커피는 판단력이나 자제력에 영향을 미치지 않고 피로를 푸는 데에 효과가 있다고 한다.

뉴욕의 한 레스토랑 체인점 사장 윌리엄 블렉은 근무 시간 중에 하루 두 번의 커피타임을 실시한다. 오전 10시에서 10시 30분 사이, 그리고 오후 3시에서 3시 30분 사이에 커피 타임을 실시한다. 그의 조사에 의하면, 티타임을 갖는 동안 일시적으로 업무를 떠나 있어서 오히려 사기를 북돋우고 일의 능률을 올리는 데 많은 도움이 되었다고 한다.

10분은 운명을
좌우할 수 있는 시간이다

시간은 누구에게나 다 소중하지만 회사를 경영하는 CEO에게는 더욱 소중하다. 그들이 시간을 인식하지 못하거나 아니면 시간 안배를 잘못해도 회사의 운명이 달라진다.

회사 내에서는 직원이 쓰는 한 시간, 간부가 쓰는 한 시간, CEO가 쓰는 한 시간, 그 가치가 다르다. 다 똑같은 한 시간이지만 지위에 따라서 그 한 시간의 가치가 다르다. 한 시간을 어떻게 활용하느냐에 따라서 회사 전체의 시너지 효과가 달라진다. 회사의 어느 분야에서 근무하든지 한 시간을 효율적으로 사용해야 하겠지만, 회사가 지속적으로 발전하기 위해서는 CEO의 한 시간은 매우 중요하다. 이 시간을 명확하게 활용하지 못하면 전 직원이 아무리 노력하고 애를 써도 회사 전체의 생산성은 낮아진다.

그러면 CEO의 하루 24시간 중 10분은 어떤 가치가 있을까? 예를 들어 새로운 신규 프로젝트를 수주하는 데도 10분이 필요하다. 프로젝트를 발표할 때 핵심을 전달하는 시간도 10분이다. 10분 안에 청중을 사로잡지 못하면 아무리 공을 들여도 원하는 바를 얻을 수 없다. 간식을 먹고 수다를 떨면서 보내는 10분을 효과적으로 활용하면 회사 발전에 기여할 수 있는 아이디어가 떠오른다. 또 1시간, 10시간 노력을 해도 되지 않던 일이 10분 안에 해결될 수 있다. 모든 회의, 협상, 계약이 10분 안에 결정된다. 이렇게 볼 때 10분은 회사의 운명을 결정할 수 있는 중요한 시간이다.

그러면 이렇게 소중한 10분을 성공한 사람들은 어떻게 활용할까? 일하는 시간을 10분씩 쪼개어 일하는 기업인도 있다. 업무 시간을 10분 단위로 나누어 활용하는 것이다.

경영자가 10분을 잘 활용하면 개인도 회사도 발전할 수 있다. CEO에게 10분은 금쪽 같은 시간이다. 그러나 바쁜 와중에도 10분 정도는 자신을 위해 투자하고 뇌가 쉴 수 있도록 시간을 주는 사람도 있다.

경영자도 사람이기에 잠깐 숨을 돌리면서 10분쯤 여유를 가진다. 그렇게 함으로써 활력을 얻는다.

머리를 비우고
잠자리에 들어간다

성공한 사람들은 하루 일과를 끝낸 다음에는 머리를 모든 일에서부터 해방시켜 편안히 잠들기 위해 그날 일어났던 걱정스러운 문제를 깨끗이 씻어낸다. 어차피 잠자리에 들어간 이상 해결될 문제가 아니므로 긴장감을 풀고 잠자리에 들어간다. 잠을 이루지 못하는 것처럼 휴식을 방해하는 일은 없다.

다음의 기도는 성공한 사람들이 잠자리에 들기 전에 하는 기도문 중의 하나이다.

"내 마음 속에 더러워진 생각, 옳지 못한 계획, 당치 않은 야망이 깃들지 않도록 나의 영혼의 잘못을 바로잡아 주십시오. 나의 노여움이 내일까지 남아 후회함이 없도록 하여 주시고, 항상 조용한 자비와 착한 마음으로 편안하게 잘 수 있도록 나의 마음에서 질투와 증오와 악의를 제거하여 주십시오."

성공한 사람들 중에 낮잠으로 휴식을 취하여 재충전하는 이들이 많다. 루스벨트 전 미국 대통령은 점심 식사 후 30분간 낮잠이 아침에 일어나기 전의 3시간 수면과 맞먹는다고 말했다. 그는 이 낮잠 덕분에 매일 2시간 이상 더 일할 수 있었던 것이다.

트루먼 대통령은 언제 어디서나 졸 수 있는 방법을 터득했다. 그리하여 그는 관저에 있을 때에도 곧잘 틈을 내어 졸곤 했다. 특히 중대한 연설을 하기 전에 그랬다. 불과 15분이나 20분 동안의 수면으로 에너지를 회복하여 두 시간 내내 연설이나 회의를 견디어 냈던 것이다.

윈스턴 처칠은 끄덕끄덕 졸거나 안락의자에 기대어 잠깐 눈을 붙이지 않고 아예 침대에 누워 자는 습관을 들였다. 그는 잠에서 재빨리 깨어나는 재주를 갖고 있어서 휴식 후 맑은 머리로 떠오른 생각을 그 즉시 끄집어냈다.

성공하는 사람들은 머리만 어디에 대면 잠이 오는 습관을 들였다. 토머스 에디슨은 하루에 2~3시간밖에 자지 않는 습관이 있었는데, 그는 어디에서나 곧 잠들 수 있으므로 대개 낮에 2~3

시간 낮잠을 자는 것을 습관으로 삼았다.

덜레스 전 국무장관은 베를린에 있건, 워싱턴에 있건, 2만 피트 상공에 있건 어디에서나 곧 잠들 수 있었으므로 그토록 정력적으로 일할 수 있었다. 그는 바다를 건너 회의에 참석하러 가는 비행기 안에서도 눕기만 하면 모든 걱정을 덜어내고 잠을 잤다.

워싱턴 DC에서 개업중인 한 의사는 10분 동안의 휴식 효과에 대해서 이렇게 말했다.

"10분 동안 조는 것은 사람의 기분을 푸는 데 두서너 잔의 술보다도 훨씬 효과적입니다. 식후 침대에 잠깐 동안 수면을 취했다고 하더라도 시간을 낭비하는 것은 아닙니다. 그렇게 함으로써 새로운 기분과 열의를 가질 수 있을 것입니다. 10분 동안의 휴식이 1시간이나 1시간 반 정도의 잠을 잔만큼 기분을 회복시켜 줍니다."

깊은 잠은 시간을
절약해 준다

　뉴욕에서 낮잠 휴게소를 운영하는 노먼 다인은 여가를 많이 만들기 위해서는 수면 시간을 조정하여 휴가 능력을 높이고, 잠자는 시간을 단축하여 깨어 있는 시간을 길게 해야 한다고 말한다.

　그는 규칙적인 생활을 하는 한 CEO를 예로 들었다. 이 CEO는 눈코 뜰 새 없이 바쁠 때는 밤에 4시간밖에 자지 않고, 낮에는 2시간마다 15분씩 수면을 취한다. 이 때문에 그 CEO의 수면 시간은 모두 6시간으로, 깨어 있는 18시간 동안 끊임없이 바쁜 일과를 소화할 수 있었다고 한다.

　문제는 어떻게 하면 수면 중에 충분한 휴식을 취할 수 있겠는가 하는 것이다. 수면시간에 충분한 휴식을 취하지 못하면 수면 시간은 그야말로 시간 낭비에 지나지 않는다.

성공한 사람들이 수면 시간에 충분하게 휴식을 취할 수 있는 방법으로 다음 몇 가지를 들 수 있다.

첫째, 충분한 수면을 취한다. 만약 자명종 소리에 의하지 않고 산뜻한 기분으로 깨어날 수 있다면 그것은 충분한 휴식을 취했다는 증거이다. 그러나 이와 반대로 매일 아침 억지로 일어난다면 충분하게 휴식을 취하지 않은 것으로 활동력이 떨어질 수밖에 없다.

둘째, 사람은 잠잘 때, 잠이 들기 시작한 1~2시간 동안이 가장 깊이 잠들게 된다. 그때 근육이 많이 풀리며, 혈압은 낮아진다. 아침 늦게까지 잠을 잔다고 해도 막 잠이 든 직후만큼 휴식을 취하지 못한다.

셋째, 숙면을 하려면 다음과 같은 방법도 필요하다. 우선 자기 전에 목욕을 한다. 정확하게 섭씨 37도까지 물의 온도를 올린다. 그리고 20분간 물속에 들어가 있도록 한다. 이렇게 하면

혈액순환이 잘 되어 몸이 편안해지고 잠이 잘 든다.

목욕할 때 피부를 그냥 닦지 말고 꾹꾹 누르듯이 하면서 닦는다. 침대는 언제나 잘 수 있도록 준비해 놓았다가 끝나면 곧 들어가서 눕는다.

그리고 몸의 모든 근육에서 완전히 힘을 빼도록 한다. 팔다리나 몸통 어느 한 곳에라도 몸에 거북한 곳이 없도록 한다. 그리고 아무것도 생각하지 않는다. 흥분은 수면을 방해한다. 침실은 가급적 어둡고 조용하게 하고, 어떠한 방해도 받지 않도록 한다.

적정한 수면을 취하여
시간낭비를 줄인다

프리드먼 출판사의 회장이며 〈시간 활용법〉의 저자인 코프 프리 M. 레프러는 "사람들은 대체적으로 필요 이상의 수면을 취하고 있다."고 말한다. 물론 이 주장은 많은 사람들로부터 동의를 얻지 못할 것이다. 왜냐하면 사람들마다 필요한 수면 시간이 다르고, 같은 업무에 종사하는 사람들 사이에서도 필요한 수면 시간이 다르기 때문이다.

어느 정도의 수면 시간이 필요한가는 그 사람의 체질이나 업무 종류에 따라 다르다. 역사상 위대한 인물 중에 하루 4~5시간만으로 충분했던 사람들이 많다. 그 중에 대표적인 사람으로 나폴레옹을 들 수 있다. 그는 일생 동안 하루 4시간만 수면을 취하면서 생활했었다.

인간은 누구나 자신의 신체와 생활에 지장을 주지 않을 정도의 충분한 수면 시간이 몇 시간 정도인지 대부분 다 알고 있다. 그것을 기준으로 수면을 취하면 된다. 그런데 육체적, 정신적인 휴식에 필요한 수면 이상으로 수면을 취하는 것은 일종의 방종이며, 과잉된 시간만큼 자신의 생명을 단축시키고 있는 것이다.

레플러는 계속해서 수면에 대해서 이렇게 말했다.

"물론 많은 사람들이 필요 이상으로 수면 시간을 길게 잡으면서도 그것을 개선하려고 하지 않습니다. 그것은 수면 시간이 무슨 즐거운 일처럼 그것을 탐내고 있는 지도 모릅니다. 하루에 8시간의 수면이 필요하다는 것은 이제 상식처럼 되어 있다고 하지만 그것은 근거 없는 이야기입니다. 다만 습관상 그렇게 하고 있을 뿐이며, 그 습관은 언제라도 바꾸려고 생각하면 바꿀 수 있는 것입니다."

나다니얼 크라이먼 의사는 필요한 수면 시간이 똑같은 사람은 둘 이상 없다고 하는 사실은 자기가 많은 환자들을 통해서 경험으로 안 것이라고 말하였다. 습관이라고 하는 것은 일반적으로 후천적인 것처럼, 대개의 동물들은 졸기를 되풀이하여 필요한 휴식을 취하고 있다고 한다. 그들 동물들도 인간들처럼 긴 수면 시간을 취하여 시간을 낭비하고 삶을 단축시키는 일은 하지 않는다는 것이다. 따라서 우리 인간들도 필요 이상의 수면 시간을 취하여 자신의 진정한 삶을 단축시키는 일은 없어야 한다.

자신의 수면 시간이 필요 이상으로 많다고 느껴지면 다음과 같은 방법으로 수면 시간을 단축시키면 된다.

첫째, 만약 현재 9시간 수면 시간을 취하고 있다면 한 시간 단축시킨다. 8시간이 충분한지를 실험해 보라. 처음에는 충분하다고 느끼지 못한다면 10일간만 계속해 보라.

둘째, 일정한 기간 자명종 시계를 적어도 15분간 빠르게 해놓는다. 이렇게 하여 번 시간을 무엇이든지 하고 싶다고 생각하는 일을 하도록 한다. 아마도 어젯밤부터 충분한 휴식으로 아침 시간에 지금까지보다 더 일을 잘 할 수 있을 것이다.

주말은 마음껏 즐긴다

바쁘게 생활하다 보면 주말이 계속해서 영원히 돌아올 것처럼 느껴질 수 있다. 하지만 모든 것이 그렇듯이 시간은 한정되어 있다. 만약 80세까지 산다면, 일생 동안 주말을 총 4,160번을 맞이할 것이다. 그리고 하고 싶은 일도 그만큼 많아질 것이다.

어떤 사람들은 휴가를 기다리지만, 그 1년 중 2~3주 동안 모든 소망과 성과를 이루기란 힘들다. 우리는 종종 스트레스를 받은 채 주말과 맞닥뜨리고는 아무것도 안 하고 싶은 충동을 느낀다. 하지만 이것은 우리가 인생을 헛되이 보내고 있는 것 같은 느낌으로 이어진다.

우리는 주말에 의미 있는 무엇이라도 하지 않을 뿐더러 아무 것도 안 하고 해야 할 일만 하기는 쉽다. 우리는 직장과 일에서 해방되면 안절부절 못한다. 우리는 시간이 흘러넘칠 때 무엇을 하고 싶은지 전혀 생각이 나지 않기 때문에 한정된 인생을 살아 가는 것이다.

그러나 성공한 사람들이 주말에 대해서 알고 있는 것은 인생 이 미래에 일어날 일에 대해서는 알 리가 없다는 점이다. 즉 다 음 주 주말에 어떤 일이 벌어질지 아무도 모른다는 사실이다. 인생은 마냥 우리가 덜 피곤하거나 덜 바쁜 날을 기다려 주지 않는다. 따라서 현재 주어진 주말을 가능한 즐기는 것이다. 오 랜 시간 일을 한다면, 주말은 직장생활만이 전부가 아니라는 느낌을 갖게 해준다. 설령 직장인으로서 정체성이 뚜렷하다고 할지라도 말이다.

마라토너는 쉬는 날과 교차하는 날이 신체적 대약진에 박차 를 가한다는 것을 알고 있다. 이와 마찬가지로 마음이 나아갈 방향을 다르게 설정해야 한다. 주중에 사업 거래를 더 성사시키 려면 주말에 더욱 즐겁게 보내야 한다.

성공하는 사람들은 주말에는 언덕을 오르기 위해 페달을 힘 껏 밟으려고 의지력을 동원하면서 침착하게 업무를 이끌어갈

절제력을 개발한다. 그리하여 한 주 168시간 중 주말 부분은 남과 다르게 그리고 소중하게 다룸으로써 배터리를 충전하고 준비된 상태로 월요일을 맞이한다.

PART

07

시간 낭비를
줄이는 비결

시간 낭비를 줄이는
10가지 방법

시간 낭비를 줄이는 가장 기본적인 전략은 시간 낭비를 파악하는 안목을 기르는 것이다. 시간은 우리가 의식하지 못하는 사이에 새어나간다. 시간 낭비를 의식하지 못하는 사람은 시간 관리의 중요성을 제대로 알지 못하는 사람이다. 시간 관리의 중요성을 알고 있는 사람은 시간 낭비를 볼 줄 아는 안목이 있으며, 그 안목을 예리하게 길렀다.

성공하는 사람들이 시간을 보는 안목은 경제적인 관점에서 시간을 본다는 것이다. 예를 들어서 공연을 보러 갔을 때 그 공연이 예상외로 재미가 없다고 했을 때, 비싼 돈으로 티켓을 샀기 때문에 돈이 아까워서 끝까지 보는 사람이 있는가 하면, 중도에 그만 나와 버리는 사람들이 있다. 성공한 사람들은 대부분 중도에 나와 버린다. 왜냐하면 투자한 돈이 아까워서 끝까지 보면 결국은 시간 즉 기회를 잃어버리는 것이다. 이들은 항상 시간의 가치인 '기회비용'을 생각한다.

시간 낭비는 결국 '목표와 관계없는 일체의 행동'이라고 정의를 내릴 수 있다. 그러므로 목표가 없는 행동이나 잘못된 목표를 위해 움직이는 행동은 모두 시간 낭비라고 할 수 있다. 시간 낭비를 줄이기 위해서 그 원인이 무엇인지 알면 가능하다. 우리에게 자주 일어나는 시간 낭비는 다음과 같은 것들이다.

목표가 없거나 우선순위를 정하지 않아 무엇을 해야 할지 몰라 방황한다.

▬ 스마트폰 사용, TV시청, 컴퓨터 등을 과도하게 사용하여 시간을 낭비한다.

▬ 불필요한 잡담, 회의 등 가치 없는 일에 많은 시간을 투자한다.

▬ 모든 비효율적인 의사소통으로 시간을 낭비한다.

▬ 시간표가 없거나 잘못된 시간표를 짜놓는 것

▬ 육체적, 정신적으로 건강하지 못하고 컨디션이 나쁘거나

성급함, 불안 등이다.

　━ 변화에 대처능력 부족이다.

　━ 우유부단하고 거절하지 못하는 나약함으로 인해서 시간 낭비를 한다.

　성공하는 사람들의 시간 낭비를 줄이는 방법으로 다음 10가지가 있다.

　첫째, 자신이 무엇을 해야 할지를 분명히 인식한다.

　둘째, 업무를 추진할 때 계획표와 시간표를 작성한 후 그 시간표대로 움직인다.

　셋째, 업무를 우선순위를 작성하여 그 우선순위대로 진행한다.

　넷째, 일할 때는 정신을 집중하여 일한다.

　다섯째, 능률을 높일 수 있는 방법과 수단을 모색한다.

여섯째, 가치 있는 정보는 계속 얻지만, 무가치한 정보는 그 즉시 폐기한다.

일곱째, 한 번에 한 가지 일에 집중한다.

여덟째, 해야 할 일이 있으면 그 즉시 처리한다.

아홉째, 휴식과 재충전의 시간을 충분히 갖는다.

열 번째, 체크 리스트를 유용하게 활용한다.

건강을 유지하도록
노력한다

어떤 직업에 종사하든지 마찬가지지만, 특히 비즈니스맨에게 있어서 시간을 효율적으로 관리하기 위해서는 건강을 유지하는 것이 무엇보다도 중요하다. 그들은 건강을 유지하기 위하여 매일 시간을 정해 놓고 몸 관리에 시간을 투자한다. 경영 간부는 자신의 생활패턴이 영양부족, 소화불량, 만성병, 육체적 장애, 심장병, 고혈압 등의 원인이 되고 있음을 알고 있다. 경영 간부로서 건강을 유지하기 위해서 특히 유의할 점은 다음과 같다.

첫째, 커피 마시는 시간을 줄여서라도 휴식을 취하도록 한다. 가능한 사무실 밖에 나가 주위를 한 바퀴 돌면서 산책을 하거나 그것이 어려우면 사무실에서 맨손체조 같은 것을 한다. 체조를 하면 뇌로 가는 피의 흐름도 좋아지고 등 근육이 풀린다. 심호흡을 하면서 머리를 돌려서 목이나 등의 근육을 풀어 준다.

둘째, 사무실에서 하는 체조 외에 한 가지 운동을 반드시 한다. 자신이 좋아하는 운동으로, 조깅·수영·테니스·골프 등 무엇이든지 상관없다. 한 주일에 3~4번 정도 자신이 좋아하는 운동을 한다. 집에서 잡무를 하는 것도 운동이라고 할 수 있으나 운동 계획을 세워놓고 그 계획대로 운동하는 것이 좋다. 운동을 할 때 즐겁지 않더라도 우선 1주일 동안 해보고 어떤 효과가 있는지 확인해 본다. 지금까지 전혀 운동을 안 했으면 운동을 시작할 때 무리하지 말고 의사와 상의한 다음 운동을 시작하는 것이 좋다.

셋째, 영양의 균형이 맞도록 식사를 한다. 원만한 분위기 속에서 자신과 사이좋은 사람들과 함께 즐겁게 식사를 한다. 감정이 악화되었을 때는 식사를 피한다.

넷째, 적당한 수면을 취한다. 사람에 따라서 수면량이 다르다. 따라서 자신이 몸이 편안하고 피로가 풀리는 데에는 어느 정도의 수면 시간이 필요한지를 알아둔다.

성공하는 사람들의
긴장과 스트레스 대처법

우선 긴장과 스트레스의 차이를 알 필요가 있다. 〈옥스포드〉 사전에 의하면, 긴장은 인간과 인간 사이, 또는 그룹과 그룹 사이에 존재하는 억압된 적의(敵意)의 상태라고 한다. 그러나 노먼 필 박사는 긴장은 누구나 가지고 있는 '국민병'이라고 말하였다. 기업의 고위층에 있는 사람은 긴장된 상태가 어떤 상태인지 매일 실감하고 있을 것이다. 그러나 그들은 긴장 때문에 하루의 업무 시간이 얼마나 박탈당하고 있는가를 제대로 알지 못한다.

일하는 중에 여기저기서 자신을 찾는 소리가 들리면 능률이 오르지 않는다. 너무나 많은 일을 처리하지 않으면 안 되기 때문에 긴장을 느끼면 조금은 쉬는 것이 좋다. 잠시 머리를 식힌 다음 가장 긴장도가 높은 것을 하나 선택하여 처리한다. 적의가 원인이 되어 긴장감이 높을 경우에는 자신과 타인 사이, 또는 그룹 사이에 존재하는 적의 뿌리를 찾아내도록 한다. 적의는 인간 내부 또는 그룹 내부에 존재하는 것으로서 표면에 나타나지 않지만, 이것을 찾아내어 커지기 전에 처리하지 않으면 안 된다. 이런 종류의 긴장은 모두 제거할 수는 없으나 적어도 찾아내어야 한다. 그렇게 할 때 긴장과 맞서는 것보다 더 좋은 입장에 설 수 있게 된다.

스트레스는 육체에 또는 정신에 가해진 억압 또는 압력이다. 긴장 상태가 지속되면 스트레스 상태가 생겨난다. 예를 들어 시간에 쫓기고 있을 때, 일의 진척이 안 되고 있을 때, 지겨운 문제에 대한 해결책이 없을 때와 같은 경우이다.

다음은 성공하는 사람들이 스트레스와 싸워서 이겨내는 방법이다.

첫째, 자신이 어떻게 할 수 없는 것은 인정하는 것을 배운다.

둘째, 싸우는 행동만 빼고 몸을 움직여서 육체적인 분노를

방출한다.

셋째, 친구나 동료에게 스트레스를 받고 있는 원인에 대해서 이야기한다. 문제에 따라서 전문가와 상담도 한다.

넷째, 일과 레크리에이션의 균형을 맞춘다.

다섯째, 가능한 한 약물 복용은 피한다. 약은 증세를 완화시킬 뿐 원인을 치료하지 못한다.

여섯째, 남을 위해 뭔가를 하도록 한다. 자기가 지니고 있는 고민을 해소하는 데에 도움이 된다.

일곱째, 자신이 가지고 있는 문제보다도 자신의 행운에 대해서 생각해보도록 한다.

시간을 훔치는 근심과
걱정 퇴치법

걱정과 근심은 스트레스를 높이고 시간을 훔친다. 근심과 걱정은 시간을 내어 문제에 대하여 생각을 집중하게 되고, 머리를 쓰기 때문에 시간을 낭비할 뿐만 아니라 에너지를 고갈시킨다. 따라서 그것은 우리 삶에 조금도 도움이 되지 않는다.

걱정을 해소하는 최선의 방법은 자기가 걱정하고 있는 문제에 대해서 해결하기 위한 적정한 행동을 취하는 것이다. 근심과 걱정이 습관이 되어 있는 사람들이 많다. 이들은 걱정을 하지 않아도 될 일을 습관적으로 걱정부터 한다. 걱정하느라 다른 해야 할 일을 하지 못하고 아까운 시간만 보낸다. 성공하는 사람들이 다음과 같은 방법으로 그 습관을 고친다.

첫째, 오늘에 산다. 어제 이미 일어난 일은 누구도 변경할 수 없다. 오늘 열심히 잘 살아서 보다 좋은 내일을 만들 수 있다. 따라서 오늘 일에 최선을 다하고 어제 일은 잊어버린다. 내일 일은 일어날 수 있는 최선의 것만 생각한다.

둘째, 실제 일어나지도 않을 사소한 일로 끙끙거리며 시간을 낭비하지 않는다. 사람들이 걱정하고 있는 일의 40%는 실제로 일어나지 않았다고 한다. 35%는 우리로서는 어떻게 할 수 없는 일이고, 15%는 걱정하는 것보다 예상 외로 좋은 결과가 나타났으며, 8%는 사소한 것, 별것도 아닌 것이라고 한다. 그리고 다만 2%는 실제 걱정거리라고 한다.

셋째, 확률의 법칙을 활용하여 자기가 걱정하고 있는 것이 기우에 불과하다는 것을 안다. 해외에 나가기 위해서 비행기를 탔을 때 혹시 비행기가 추락하지나 않을까 걱정하는 사람이 있는데, 실제로 비행기가 추락하는 일은 거의 없다.

넷째, 필연적인 것을 활용한다. 나쁜 상황을 상상해서 이것을 활용할 줄 아는 것이 걱정을 줄이는 방법 중의 하나이다. 누가 신 오렌지를 주거든 그것으로 오렌지주스를 담갔다가 먹겠다는 긍정적인 사고방식을 갖는다.

다섯째, 걱정하는 습관이 있으면 무리하게 그 걱정과 싸워서 이기겠다는 생각을 할 필요가 없다. 차라리 그 습관을 잘 관리하는 방향을 모색한다. 그 예로 하루 20분만 시간을 할애하여 걱정한다. 이 예정된 시간 외에 걱정이 떠오르면 자신에게 걱정하는 시간이 따로 있음을 상기시킨다. 이렇게 하면 걱정하는 습관을 컨트롤할 수 있다. 그렇게 함으로써 멀지 않아 걱정하는 시간도 줄어들게 되고 결국 걱정도 하지 않게 된다.

여섯째, 걱정하는 습관을 없애고, 2%의 정말 걱정해야 할 것들을 위해 간절한 마음으로 기도한다. 그러면 마음속에서 걱정거리가 점차 사라지게 된다.

가정·가족·친구를 관리하는 데에
좀더 많은 시간을 투자한다

기업에서나 조직에서 지위가 올라가면 올라갈수록 누구든지 가정·가족·친구들을 위해 투자하는 시간이 줄어들게 된다. 그들은 입으로는 가정과 가족을 위해 바쁘게 일한다고 하지만 실제로는 그들을 위한 시간은 점차 줄어들고 있는 것이 현실이다. 자기 인생을 위해서도 가정·가족·친구를 관리하는 데에 자기의 시간을 활용하는 일이 중요한데도 말이다.

많은 리더 들은 자기는 가족을 위해서 일한다고 생각하며, 가족을 위해서 사용할 시간이 적어지는 것을 합리화한다. 어떤 의미에서는 일리가 있는 말이지만, 가정과 가족들과 떨어져 있는 시간이 많아지면 가족 사이에 불화가 생길 수도 있고 문제가 발생할 확률이 높다.

　같은 집에 살지만 전혀 타인처럼 생활하고 있는 리더 들이 많다는 것은 참으로 불행한 일이다. 이와 같은 불행한 상태를 극복하기 위해서 성공한 사람들은 비즈니스 속에 배우자나 자식들을 관련시킨다. 그 방법으로 가족들에게 자신의 비즈니스 이야기를 해준다. 비즈니스 이야기를 하는 도중에 그 비즈니스를 성공시키기 위해서 일하다 보니 자연히 가족에 대해 소홀하게 된다는 것을 가족들이 깨닫게 되고, 가족들이 이해하게 되면서 남편이나 아버지의 일에 관심을 갖게 된다. 비즈니스가 무슨 일인지 구체적으로 잘 알지 못하더라도 아내와 자식들은 남편이나 아버지에게 존경심을 갖게 되며 한 편이 되어 준다.

　물론 가정에 있는 동안 비즈니스 이야기만 해서는 안 된다. 아이들도 자기 생활이 있으므로 자기들의 매일 일상 속에서 남편이나 아버지도 가담해 주기를 바라고 있다. 따라서 서로의 이야기에 관심을 기울이고 들어주면서 흥미를 표시하는 일은 가족의 화목을 위해서 매우 중요하다.

　아이들이 여럿이 있다면 그들과 함께 어울리면서 이이들 속에 들어가 아이들이 활동한 이야기를 함께 들으면서 이야기를 나눈다. 그리고 아이들의 생일, 의료기록, 학업성적 등을 기억해

둔다.

배우자의 활동에도 관심을 갖는다. 배우자가 맞벌이인 경우에는 그가 하는 일에 적극적인 관심을 갖는 것이 좋다. 직장에서 같이 일하는 사람의 이름을 기억하고 있으면 대화가 훨씬 부드럽게 이어진다.

큰 금액을 지출해야 할 경우에는 함께 상의해서 결정하는 것이 좋다. 돈 사용처는 물론 방법에 대해서도 구체적으로 이야기하는 것이 좋다.

어떤 가정에서나 가족의 친구가 필요하다. 손님을 초대하는 일은 가족과 함께 의논해서 계획을 세우도록 한다. 손님으로 초대한 친구들이 여럿인 경우에는 주말에 하도록 하는 것이 시간활용에 좋은 방법이다.

전화로 시간을
절약하는 방법

사회학자들 중에는 전화가 "대화를 방해하는 최대의 장애물이며, 또 장애 중에서 가장 편리한 것"이라고 말한 사람도 있다.

전화에 자신이 어느 정도의 시간을 소요하고 있는지 분석해 보라. 그러기 위해서는 1주일 동안 또는 2주일간에 걸쳐서 전화를 하는 시간을 기록한다. 전화에 너무 많은 시간을 빼앗기고 있지는 않은지, 왜 지나치게 전화를 많이 사용하고 있는지를 알게 된다. 또한 누구나 다른 사람이 걸면 될 전화를 자신이 걸고 있거나, 어떤 종류의 전화에 그 가치 이상의 전화를 낭비하고 있다는 것을 알게 된다.

오늘날 휴대폰이 발달하면서 많은 사람들이 전화를 하는 데에 많은 시간을 소요하고 있다. 그 중에는 업무상 불가피한 전화도 있을 것이다. 그러나 휴대전화로 근무시간 외의 전화는 거의가 사적인 전화가 많다. 사적인 전화는 대부분 길다. 전화를 통해서 요점만 말하는 것이 아니라 사소한 일까지 말함으로써 쓸데없이 시간을 낭비하고 있는 것이다. 업무상의 전화도 간단한 메모로 족할 사안을 전화로 장시간 길게 이야기하는 경우도 있다. 평균적인 비즈니스 전화는 5분 내지 6분으로 끝내야 한다. 대개 6분간의 전화는 150단어의 문서와 거의 맞먹는다. 그런데 문제는 사람들이 전화를 하면서 시간을 낭비하고 있다는 의식을 하지 못하고 있다는 점이다.

성공하는 사람들은 전화로 대화를 할 때도 요점만 간단하게 말하면서도 간부로서 리더로서 적절한 말을 유창하게 구사하여 대화를 이끌어간다. 또 대화상대에게 적합한 언어를 사용한다.

오늘날 고도로 기술적, 과학적으로 발달되고 모든 것이 컴퓨터화된 사회에서 새로운 용어가 수없이 만들어지고 있다. 이런 때 성공한 사람들은 자신의 말을 참신하고 첨단적 용어로 사용하기 위해서 다음과 같은 방법을 사용한다.

첫째, 정기적으로 비즈니스와 관계되는 간행물과 신문의 경제면을 읽는다.

둘째, 전화를 하면서 대화 상대의 반응에 주의를 기울인다. 뭔가 곤란한 생각을 하거나 몇 번이나 설명을 반복해야 할 경우에는 상대에게는 익숙하지 않은 용어를 사용하고 있기 때문이다.

셋째, 자신의 이야기가 단조롭지 않은지 생각해 본다. 같은 말, 같은 표현을 몇 번이나 반복해서 사용하고 있지는 않은지 생각해본다.

넷째, 기사를 읽다가 자신이 잘 모르는 용어가 나오면 그 용어를 찾아낸다.

다섯째, 새로운 단어를 기록한 노트를 준비하고 전화로 대화하는 도중에 사용해 본다.

여섯째, 말뜻과 사용법에 유의한다. 대화할 때는 사전에 존재하지 않는 말도 사용할 때가 있다.

일곱째, 다른 직업에 종사하는 사람들이 사용하는 말에도 익숙해지도록 노력한다. 사무직, 기능공, 조립계 직원들과 대화를 자주하여 익숙해지도록 한다.

가급적 직장 부근으로 옮겨
출퇴근 시간의 낭비를 줄인다

만약 당신이 매일 출근하는 직장인이라면, 시간 절약의 최고 수단은 직장 부근으로 집을 옮기는 것이다. 또는 당신이 살고 있는 곳에서 가까운 직장을 구하는 것이다. 작은 도시나 시골이면 상관없으나 도시일 경우에는 출근하는 거리가 멀면 의외로 부담이 된다.

〈인생 40부터〉의 저자 월터 B. 피트킨은 그가 성공하게 된 계기는 직장에 걸어서 다닐 수 있는 가까운 곳에서 살았기 때문이라고 말하였다. 그는 아침에 일찍 일어나서 남들이 출근하는 시간에 자신이 평소 하고 싶었던 일을 했던 것이다. 물론 직장 가까운 곳에서 산다는 것이 말은 쉽지만 실제로는 힘든 일이다. 오늘날 회사들이 도심 한복판에 있기보다는 공기가 좋고 환경이 쾌적한 야외로 옮기는 경우가 많지만, 자신의 집이 직장 부근에 있어서 출근하기가 편하여 일하기가 좋다면 설령 봉급이 적어도 괜찮을 것이다. 왜냐하면 당신의 급료에는 아침에 집을 나서서 직장에 도착하기까지의 수고도 포함되어 있기 때문에 매일 출근하는 데에 두 시간 덜 든다고 한다면 적어도 매월 20%의 급료는 이득을 보고 있는 셈이 된다.

만약 걸어서 출근할 수 있는 직장을 구하지 못하여 버스나 지하철 등 대중 교통수단으로 출퇴근을 해야 한다면 가급적 갈아타지 않고 다닐 수 있는 곳을 선택해야 한다.

출퇴근을 해야 하는 직장인으로서 성공적으로 시간 관리를 하기 위해서는 어떻게 해야 출퇴근 시간을 효율적으로 보낼 수 있는지를 고민해야 한다.

오늘날 많은 직장인들이 출퇴근할 때 전철이나 버스를 이용하면서 대부분 휴대폰을 이용하여 게임을 하거나 아니면 인터넷을 보고 있다. 이것은 그야말로 시간을 낭비하는 대표적인 방법이다. 직장인으로서 출퇴근 시간을 인터넷을 보거나 게임을 하지 않고 중요하고 의미 있는 일에 소비하는 것이 가장 효과적으로 사용하는 방법이다. 성공하는 사람들 중에 자동차로,

대중교통 수단을 이용하면서 아이디어를 실행하는 사람들이
많다.

우왕좌왕하면서
시간을 낭비한다

많은 사람들은 다른 사람들에게 괜찮은 사람으로 보이려고 시간을 소모한다. 또한 최대한 능력을 발휘하고 최선을 다해 다른 사람을 도우려고 한다. 가족들에게, 친구들에게, 직장 상사나 동료들에게 아주 좋은 도우미가 되려고 노력한다. 하지만 좋은 의도와는 달리 일이 잘 풀리지 않아 엉망진창이 될 때가 많았을 것이다.

그런 때는 하고 싶지 않은 일 앞에서 자신을 합리화한다. 결국은 일을 끝내지 못하고 미루거나 지나칠 것이다. 우리 모두 '오늘 해야 할 일'과 같은 글을 종이에 적어 놓고도 우왕좌왕 삶을 살고 있다. 한 가지 일을 끝내면, 무턱대고 다른 일을 시작하는 반복적인 삶을 살고 있는 것이다.

하지만 이런 노력에도 불구하고 대부분의 일은 원하는 대로 풀리지 않는다. 이런 경우 성공한 사람들은 시간을 효율적으로 사용하기 위해서는 희생을 감수한다. 만약 시간을 효율적으로 활용하기 위해 스트레스를 받아왔거나 여유시간을 갖기 힘들었다면 개인적인 시간과 친목 모임을 갖는 시간을 희생시키는 것이다.

누가 "5분간 시간을 내어달라."고 부탁하면 많은 사람들은 거절하지 못한다. 그래서 그들은 누구와도 진지한 만남을 지속하기 어려워지고 사람들이 제안하는 모든 모임에 참석하여 감당 못할 만큼 체중이 불어날 것이다.

또한 "아니오."라는 말을 못하여 자신의 일을 끝내지 못하고 나중에 후회하는 사람들은 가정조차 유지하기 힘들어진다.

이런 사람들은 완벽하게 보이는 시간 관리 계획표가 옆에 있음에도 불구하고 생산적으로 시간을 보내는 데 실패한다. 그 이유는 자신이 원하는 것을 성취하기 위해서 따로 시간을 투자하지 않기 때문이다.

그러나 성공하는 사람들은 이런 순간에 대비하여 시간 계획을 세워 생산적으로 시간을 관리한다.

성공하는 사람들이 생산성을 높이는 비결은 다음과 같다.

첫째, 시간을 낭비하는 어떤 것에도 휘말리지 않는다. 그러기 위해서 그들은 오늘 일과를 기록할 때는 항상 어제와 비교하면서 짬이 날 때마다 적는다.

둘째, 계획 없는 모임에는 참석하여 시간을 낭비하는 일이 없도록 한다. 목적이 불투명하고 참여자들이 준비되어 있지 않은 모임에는 참석하지 않는다.

셋째, 벨이 울린다고 해서 모든 전화에 응답하지 않는다. 성공하는 사람들은 좀처럼 전화를 받지 않는다. 무조건 받아야 하는 전화라면 상대편이 양해를 구하도록 만든다. 시간을 조정하고 나서 다시 전화를 걸도록 한다.

넷째, 불쑥 찾아오는 방문자를 만나지 않는다. 몇 분간 시간을 내어줄 수 있느냐고 말하는 사람은 언제나 대책 없이 길어지기 때문이다. 따라서 불쑥 찾아오는 사람을 만나 쓸데없이 시간 낭비를 하지 않는다.

이 밖에도 시간을 낭비하는 또 다른 예도 많이 있다. 성공하는 사람들은 가장 중요한 시간에 낭비하는 사람들과 보내어 무엇이 생산적인 삶인지, 하루를 얼마나 생산적으로 보낼 수 있는지를 깨닫는다.

성공하는 사람들이 시간을 성공적으로 경영하기 위한 중요한 철칙 중의 하나는 바로 단기 목표를 정확히 세우는 것이다.

낭비한 시간에 대해
후회하지 않는다

"낭비한 시간에 대한 후회만큼 더 큰 시간 낭비는 없다."메이슨 콜리의 말이다. 이미 지난 것에 대한 후회나 회한은 부질없는 것으로 아무런 소용이 없다. 그럼에도 불구하고 사람들은 미련을 버리지 못하여 붙잡고 있다.

주식투자를 하는 사람들 중에 손해를 보면서도 빠져나오지 못하는 사람들이 있다. 이들은 그동안 투자한 돈과 시간이 아까워서 도저히 손을 뗄 수 없다는 것이다. 그리하여 더 큰 손해로 이어진다.

이런 현상을 '매몰비용'이라고 부른다. 매몰비용이란 특정 사업을 위해 투자한 돈을 말하는데, 사업을 하다가 그 사업에 문제가 많은 줄 알지만 그동안 투자한 돈이 아까워서 쉽게 포기하지 못하는 현상을 말한다.

20세기 최대의 매몰 비용으로 몰락한 가장 비근한 예로 '이리듐 계획'을 든다. 당시 통신업계의 왕자였던 모토롤라가 주축이 되어 전 세계를 하나로 묶는다는 통신계획을 세웠다. 이 통신 계획을 '이리듐 계획'이라 부른다. 그러나 이처럼 야심찬 프로젝트는 10년이 넘는 준비 기간을 거쳐 1998년 11월에 서비스를 시작했지만 1년도 못 가서 파산되고 말았다. 1990년부터 디지털 휴대전화가 발전되면서 휴대폰의 해외 로빙 서비스가 실시되자 '세계 어디서나 통화 가능하다.'는 것을 목표로 내세운 것이 퇴색하고 말았다.

그러나 모토롤라는 사업을 포기하지 못했다. 천문학적 투자를 했기 때문이다. 결국 이 프로젝트는 총 94억 달러의 손해를 보고 막을 내리고 말았다.

아니다 싶으면 손을 떼는 것도 새로운 기회를 창출하는 수단이다. PC가 출현하여 컴퓨터의 패러다임이 바뀌고 있을 때, IBM은 여전히 거대한 몸집의 메인 프레임에 몰두하다가 기업의 간판마저 내릴 뻔했다.

애플은 달랐다. 처음에는 컴퓨터를 만드는 기업이었으나 거대한 IT 물결이 밀려오는 것을 보고 재빨리 PC 사업에서 손을 떼고 I-pot, I-phone으로 새로운 시장을 개척했다. 그런 다음 이름도 애플 컴퓨터에서 컴퓨터를 빼고 애플로 바꾸었다. 애플은 PC 시장의 한계가 온 것을 보고 재빨리 손을 뗀 것이다.

개인들도 마찬가지다. 몇 년 동안 공무원시험이나 한 가지에 매달려서 놓지 못하고 있는 경우가 많다. 주위 사람들이 포기를 권하면 그동안 노력한 것이 아까워서 도저히 포기할 수 없다고 한다. 이것이 매몰 비용이다.

성공한 사람들은 중도에 매몰 비용의 함정에 빠지지는 않았는지 스스로 검토해 본다. 종이에 하나하나 적어 본다. 다시 한 번 곰곰이 따져서 승산이 없는 일이라면 지금 당장 버린다. 그것이 낭비되는 시간과 돈을 줄이는 가장 현명한 방법이기 때문이다.

실현가능한 목표를 세워
시간 낭비를 하지 않는다

목표 설정에 있어서 매우 중요한 부분은 시간에 관한 것이다. 많은 사람들은 충분한 시간을 가지고 목표를 달성하려고 하지 않는다. 목표를 설정할 때 이것이 실현가능한 것인지를 생각하지 않고 설정한다. 그 목표가 합리적인지 여부를 생각하기보다는 단기적으로 이룰 수 있다고 생각한다. 목표를 달성하지 못했을 때는 그 목표 달성을 위해서 시간을 강제적으로 정하지 않아서 실패한 것으로 생각한다. 결국 그들은 자기 자신을 공정하게 바라보지 못하게 되는데, 그것은 참으로 불행한 일이다.

만약 충분한 시간을 가졌더라면 그 목표는 달성했을 것이다. 하지만 너무 조급하게 생각한 나머지 목표시한을 단축했고, 그래서 불필요한 부담을 갖게 되고, 시간만 낭비하게 된 것이다.

오늘날 많은 여성들과 관계되는 다이어트를 예로 들어보자. 여성들은 누구나 자신의 체중에서 몇 킬로그램을 줄일 수 있다. 그런데 한 여성이 체중을 줄이기 위해서 일주일 동안 밥을 굶으면 몇 킬로그램을 줄일 수 있다. 그러나 그 여성의 체중은 일주일 또는 10일 이내에 다시 원래의 체중으로 되돌아갈 것이다.

그런데 그 여성이 조급하게 단번에 몇 킬로그램을 줄이려고 하지 않고 하루에 단 몇 그램을 줄이기로 목표를 정한다면 일주일 동안 결국 자신이 목표한 체중 몇 킬로그램을 줄일 수 있다. 그러면 일주일이나 10일 후에 다시 원래의 체중으로 되돌아가는 일은 없을 것이다.

목표 달성 시한이 짧을수록 그 목표의 실현 가능성은 커진다. 장기적인 목표를 정하는 것은 좋다. 그러나 그 목표를 달성하기 위해서는 목표를 세분화하는 것이 좋다. 작은 단위로 세분화하는 것이 목표를 달성할 수 있는 합리적인 방법이다. 연간 목표를 1/4분기 목표로 세분화하고, 1/4분기 목표를 월간 목표로, 월간 목표를 주간 목표로 세분화하는 것이 목표를 달성할 수 있는 합리적인 방법이다.

좀더 현실적으로 목표를 설정하는 방법으로는 주간 목표를 하루의 목표로 세분화한다. 아침에 눈을 떴을 때 오늘의 목표가 무엇인지 자신에게 자문한다. 그리고 그것을 종이에 적는다. 목표를 전부 적기 힘들면 중요한 부분을 눈에 띄게 적는다. 목표를 정해서 종이에 적는 과정에 심사숙고하고 종이에 옮기려면 어느 정도의 시간이 필요하다. 하지만 실천 과정을 미리 충분히 숙고하고 계획하는 일에 투여하는 시간이 많으면 많을수록 목표를 달성하기가 쉬워진다.

목표를 적을 때는 시한 날짜를 반드시 적어야 한다. 목표를 종이에 적음으로써 지침을 갖게 되고, 언제든지 진행 상황을 원래의 목적과 비교할 수 있게 된다.

이렇게 시한과 날짜를 구체적으로 정하되 장·단기 목표를 종이에 기록하여 복사본을 사무실에나 욕실에 붙여놓고 언제든지 바라보면서 목표를 달성하겠다는 의지를 다질 때 보다 효과적으로 목표를 달성하게 된다. 그러면 실제적으로 시간을 낭비하지 않고 적정한 시간에 목표를 달성할 수 있게 된다.

시간 관리의 최고 교과서

하루는 누구에게나 평등한 24시간이다. 우리에게 주어진 시간은 하루 24시간으로 유한하지만 아껴 쓸 수 없는 소모제다. 재화나 에너지, 음식물 등은 아껴서 사용하는 일이 가능하지만, 시간은 물이 흘러가는 것처럼 누구에게나 똑같은 속도로 소모되는 소모제다. 게다가 끊임 없이 샘솟는 샘물과 달리 하루 24시간, 1년 365일 한평생이 유한하다. 그러므로 시간을 효율적으로 관리하면 자기 관리가 가능해지고, 이를 통해서 더 큰 성장과 발전이 가능해진다.

그런데 척척 일하고 높은 소득을 얻으며 삶을 여유롭게 즐기는 사람이 있는가 하면 업무에 치이고 회사의 평가와 수입도

낮으며 여가를 즐길 여유도 없을 정도로 야근이다, 주말출근이다. 바쁘게 시간에 쫓기면서 사는 사람이 있다.

같은 직장인인데 왜 이런 차이가 날까? 그 답은 시간 이용법에 있다. 일 잘 하는 사람, 일을 능숙하게 처리하는 사람, 인생을 마음껏 즐길 줄 아는 사람은 그렇지 않은 사람에 비해 훨씬 시간을 능숙하게 사용할 줄 안다. 한 마디로 그들은 시간 관리의 도사들이다. 그들은 시간 관리를 잘 해서 그렇게 여유롭게 인생을 즐기면서 사는 것이다.

인생을 후회 없이 자신이 원하는 대로 살기 위해서는 시간 관리가 중요하다는 것을 누구나 잘 알고 있다. 그런데 그렇게 중요하다는 것을 알면서도 시간 관리가 제대로 되지 않는다.

시간 관리는 시간의 가치를 뼈저리게 느끼는 데서부터 출발한다. 지금까지 살아온 자기 인생에 대한 후회와 새롭게 인생을 바꾸겠다는 절박한 마음이 있어야 시간 관리를 잘 할 수 있다. 늘 하던 대로, 편한 대로 살려고 하는 마음, 이번에 하지 않고 다음에 해도 된다는 마음가짐으로는 시간 관리를 성공할 수 없다.

시간 관리는 무엇보다도 인생에서 목표를 이루는 데 필수적이라는 인식하에서 시간 관리에 대한 필요성과 효과를 잘 가르쳐 주는 안내서가 필요하다.

저자는 본서를 통해서 시간 관리를 하면 특히 다음과 같은 다섯 가지 점에서 유익하다는 것을 말해주고 있다.

첫째, 시간 관리는 자신의 인생을 한 단계 업그레이드 시킨다.

둘째, 시간 관리를 통해서 인생의 우선 순위를 깨닫게 되고, 무슨 일을 하던지 우선 순위를 정해서 그 순위대로 하게 하여 시간을 낭비하는 일이 없도록 한다.

셋째, 시간 관리를 통해서 행복을 만든다.

넷째, 일과 업무의 효율을 높여준다.

다섯째, 인생의 목표를 정하고 그 목표에 도달하게 만든다.

저자는 본서를 통해서 한정된 시간 관리를 어떻게 해야 효과적인가를 성공한 사람들의 사례를 통해서 실천 가능한 방법을 제시하였다. 본서는 한마디로 말해서 시간 관리에 대한 최고 교과서라고 할 수 있다.

참고문헌

• 'Work, The System' by Carpenter, Sam Gleenleaf Book Group,

• 'Trump, The Art of the Deal' by Trump. Warner Books

• 'The 7 Habits of Highly Effective' by Covey Stephen. New York: Simon & Schuster,

• 'I'd Like Morning if They Started Later' by Davis, Jim,

• 'Successful People Who Wake Up Rearly Early' by Nisien & Max

• 'The Treasury of Quotes' by Rohn Jim New York, Dalls: Rhon Jim International

• 'The Now Habit' by Neil A.Fiore Penguin Group

• 'Get Everything and Still Have Time to Play' by Mart Foster. Hodder and Stoughton 2002

•' Time management For Dummies' by Jeffrey I. Mayer. IDG books World wide, Inc. 1996